Lawrence J. Crabb

Glück suchen oder Gott finden?

Im Gedenken an den Mentor Dr. Charles Smith. Er betete darum, daß seine Krebserkrankung zurückkehren möge, wenn er dadurch noch näher zu Gott finden könnte. Im letzten Jahr seines Lebens erlebte er Gott in einem Maß, wie er es nie zuvor gekannt hatte. Dann starb er – an Krebs.

Meinen Studenten, die bei mir den Master-Studiengang in biblischer Seelsorge belegt haben. Von euch habe ich mehr als von irgendeiner anderen Gruppe gelernt, was es heißt, sich auf die beschwerliche Suche nach Gott zu machen.

Lawrence J. Crabb

Glück suchen *oder* Gott finden?

Unterscheidungshilfen in der Welt des Kuschelchristentums

Brunnen-Verlag · Basel und Gießen

ABCteam-Bücher erscheinen in folgenden Verlagen:

Aussaat Verlag Neukirchen-Vluyn
R. Brockhaus Verlag Wuppertal
Brunnen-Verlag Basel und Gießen
Christliches Verlagshaus Stuttgart
(und evangelischer Missionsverlag)
Oncken Verlag Wuppertal und Kassel

Die Bibelzitate wurden der Lutherbibel 1984 entnommen.

Titel der amerikanischen Originalausgabe:
«Moving through your Problems toward FINDING GOD»
Erschienen 1993 bei Zondervan Publishing House,
Grand Rapids, Michigan

Aus dem Amerikanischen von Barbara Trebing

Umschlag: Kirchhofer Editorials, Basel
Satz: Uhl + Massopust, Aalen
Druck: Clausen & Bosse, Leck
Printed in Germany

ISBN 3-7655-1091-2

Inhalt:

Dank

Ein herzlicher Dank gilt meinen Eltern Larry und Isabel Crabb, weil sie mir ehrlich vorleben, was es heißt, Gott nachzufolgen. Damit üben sie einen größeren und tieferen Einfluß auf mich aus, als sich in tausend Büchern beschreiben ließe.

Herzlichen Dank auch an all die reifen Gläubigen, in deren Leben sich etwas von der Wahrheit einer Suche nach Gott widerspiegelt, die ich erst erahnen kann. Stellvertretend für viele nenne ich James Hatch, Hunter Norwood, Pamela Reeve, Broughton Knox, John Bramhall and meine Schwiegereltern Howard und Helen Lankford.

Ein weiterer Dank, der sich kaum in Worte fassen läßt, geht an meine Frau Rachael. Mein Leben in der Nachfolge verläuft nicht reibungslos. Sie durchlebt mit mir alle Höhen und Tiefen – und ist noch immer bereit, diesen Weg weiter mit mir zu gehen. Ich wüßte nicht, wie sich Gnade besser beschreiben ließe.

Vorwort zur deutschen Ausgabe

Dieses Buch ist nicht am Schreibtisch entstanden, sondern im Schmelztiegel des Leidens und des Ringens mit der Frage nach Gott inmitten des Leidens. Dabei ist auch Lawrence Crabb einen langen Weg gegangen. Ich hatte das Vorrecht, 1982 und 1985 zwei Seminare mit Dr. Crabb zu besuchen. Seine Thesen haben mir damals entscheidend geholfen, mein persönliches Gleichgewicht zwischen Glaube und Psychologie zu finden. Ich lernte Crabb als engagierten Seelsorger, profunden Bibelkenner, kompetenten Psychologen und scharfen Denker kennen. Und doch hatte ich den Eindruck, daß er am Anfang allzusehr darauf vertraute, daß das richtige (christus-zentrierte) Denken, die richtige Einstellung zu sich selbst, zum Mitmenschen und zu Gott dazu führen würde, daß eines Menschen Sehnsucht nach Liebe und Wertschätzung letztlich wirklich erfüllt werden könnte. Die Frage des Leidens blieb für mich damals aus seiner Theologie und Psychologie unbeantwortet.

Mit den Jahren konnte ich die allmähliche Wandlung Crabbs miterleben. Die diesseitigen Verheißungen einer noch so biblisch orientierten therapeutischen Seelsorge ließen sich nicht immer einlösen. Gedanken ließen sich nicht nach Belieben zum psychologisch und geistlich Idealen umformulieren. Auch das Ansprechen und Zulassen tiefer Gefühle brachte nicht immer die ersehnte Erlösung. Die Realität psychischen Leidens und seelischer Schwachheit begleitete die Menschen trotz ihrer flehentlichen Gebete und ihrer brennenden Sehnsucht nach Gottes Eingreifen.

Und dann kam im Jahre 1991 der Bruder von Lawrence Crabb bei einem Flugzeugabsturz ums Leben. Offensichtlich hat dieses einschneidende Erlebnis eine tiefe Erschütterung ausgelöst, ein Hinterfragen aller seiner bisherigen christlich-psychologischen Theorien, die er so überzeugend vertreten hatte. Der emotionale Erdrutsch legte aber auch neue Schichten frei, eine tiefe Sehnsucht nach Gott, jenseits aller guten Gefühle.

Mit prophetischer Klarheit diagnostiziert Crabb das Dilemma der psychologisierten Seelsorge in der heutigen Gemeinde: «Wir haben uns dem Ziel verschrieben, den Schmerz hinter den Problemen zu lindern, anstatt den Schmerz zu nutzen, um uns leidenschaftlich mit Gottes Person und seinen Absichten auseinanderzusetzen. Es ist wichtiger geworden, sich besser zu fühlen, als Gott zu finden!» Wir stehen im Spannungsfeld zwischen zwei Polen: Entweder nehmen wir unsere Bedürfnisse über alles ernst, oder aber wir verdrängen sie und betrachten es als falsch, sie überhaupt in die Seelsorge einzubringen. Crabb plädiert für einen dritten Weg, einen Weg, der eine leidenschaftliche und sensible Wahrnehmung unserer innersten Kämpfe verbindet mit der sanften und doch nachdrücklichen Betonung, daß es etwas gibt, das wichtiger ist als unsere Gefühle.

Es sei nicht falsch, daß wir unsere Probleme lösen wollten, so wie es nicht falsch sei, ein gutes Essen oder sexuelle Freuden zu genießen. Das Problem der heutigen therapeutischen Seelsorge sei es, wenn ein berechtigtes Verlangen zum letzten Ziel werde: wenn es unsere höchste Priorität sei, innere Konflikte zu beseitigen, schmerzliche Umstände zu verändern oder sich einfach gut zu fühlen. Wir seien zu Höherem berufen: nämlich Gott zu erkennen und in Beziehung mit ihm zu leben.

Crabb erscheint mir wie ein Prophet, ergriffen von einer heiligen Leidenschaft, die herauswächst aus seiner eigenen tiefsten Erschütterung, ein Prophet, der unter Tränen und in schlaflosen Stunden ringt um eine neue Erkenntnis Gottes. Aber der zornig-provokative Prophet hat eine Botschaft, die anders nicht mehr in unsere auf Leidensverminderung und Glückssteigerung ausgerichtete Welt eingebracht werden kann. Seine Botschaft ruft auch die therapeutisch geprägte Gemeinde Jesu in provokativer Weise auf, umzukehren und neue Prioritäten zu setzen.

Dieses Buch regt zum Nachdenken an. Crabb spricht eine offene Sprache, eindringlich, farbig, bildhaft. Er bleibt nicht in trockener Theologie stecken, sondern wendet Gottes Wort an auf ganz praktische Lebenssituationen. Man spürt es Lawrence Crabb ab, daß er selbst mit den Fragen seiner Ratsuchenden intensiv und leidenschaftlich ringt. Das Buch stellt harte Fragen, auch nach dem Wesen Gottes. Es führt an die Grenzen des Glaubens, um neue Perspektiven zu eröffnen. Manche Stellen muß man mehr als einmal lesen, sie immer wieder durchdenken, sich selbst in Frage stellen: Was heißt das für mich? für meine Situation?

Dieses Buch ist ein eindringliches Plädoyer für ein radikales Umdenken in der therapeutischen Seelsorge. Hier läßt uns ein Mann mit einem tiefen Hunger und Durst nach Gott einen Blick in sein Inneres tun. Sein Buch will uns anstecken, herausfordern, mitnehmen auf die Reise zu einer tieferen Erfahrung Gottes, die weit darüber hinausgeht, nur unsere Probleme zu lösen.

Riehen, im Sommer 1995 — Dr. med. Samuel Pfeifer

Ein persönliches Wort

Lassen Sie mich Ihnen erzählen, warum ich dieses Buch geschrieben habe.

Ich bin an einem Punkt angekommen, an dem ich erkannt habe, daß ich Gott näher kennenlernen muß, wenn mein Leben einen Sinn haben soll. Das Leben hat manchmal eine Art, mich aus der Bahn zu werfen oder mir den Überblick zu rauben, daß mir alle Hoffnung schwindet. Alle Freude ist dahin. Nichts kann mir mehr Mut machen.

Das Wichtigste, was ich in solchen dunklen Zeiten lerne, ist vielleicht folgendes: *In diesem Leben können wir Leid und Problemen nicht entrinnen.* Ich kann versuchen gehorsam zu sein, ich kann ein diszipliniertes geistliches Leben führen und mich darauf berufen, daß ich in Christus eine neue Kreatur bin, aber die Probleme hören deshalb nicht auf.

Mehr als alles andere brauche ich *einen Menschen, dem ich vertrauen kann;* jemanden, der mir selbst inmitten all der unkalkulierbaren Kämpfe des Lebens Hoffnung, Freude und Frieden zu geben vermag. *Ein Plan, den ich nur zu befolgen brauche*, ist nicht genug. Auch wenn ich mich nach den biblischen Geboten richte, geschieht nicht immer das, was ich mir wünsche. Und wenn ich niemanden habe, dem ich völlig vertrauen kann, dann muß ich entweder so tun, als stünden die Dinge besser, als sie in Wirklichkeit sind, oder ich muß versuchen, den Schmerz zu lindern. Wenn weder Verdrängen noch andere Bemühungen etwas helfen, dann ende ich in der Unmoral, im Wahnsinn oder im Selbstmord.

Die uns allen vertrauten Floskeln – «Du mußt einfach Gott vertrauen, bete, geh in die Seelsorge, frag noch mehr nach Gottes Willen» – müssen einem echten Suchen nach Gott selbst Platz machen.

Ich habe dieses Buch als Antwort auf den verzweifelten Schrei meines Herzens nach Gott geschrieben. Mehr als je zuvor bin ich davon überzeugt, daß sich Gott viel mehr danach sehnt, daß wir ihn kennenlernen, als uns selbst daran liegt, und daß sein Wirken in uns vor allem darin besteht, unser Verlangen nach ihm immer stärker werden zu lassen, bis es stärker ist als all unsere anderen Wünsche. Es ist ein langer, schwieriger Prozeß, aber Gott gibt nicht auf. Der Weg ist steinig und nicht so viel begangen wie andere Straßen; aber die Reise ist es wert. Gott ist unaussprechlich gut, und ihm können wir vertrauen!

Wenn ich Ihnen im folgenden von meiner Reise und meiner Suche nach Gott erzähle, dann hoffe ich von ganzem Herzen, daß auch in Ihnen der Wunsch, Gott kennenzulernen, wachgerufen wird und daß dieser Wunsch stärker sein möge als alles, was Sie sich bislang gewünscht haben.

Einleitung: Probleme lösen ist nicht das Wesentliche

Der englische Autor George MacDonald begann eine seiner Predigten einmal mit den Worten: «Wenn ich in Ihnen nicht den Wunsch wecken kann, Jesus Christus ein wenig besser kennenlernen zu wollen, dann bin ich vergeblich zu Ihnen gekommen. Wenn ich keinem menschlichen Herzen helfen kann, dem einen Lebendigen näherzukommen, dann ist meine Arbeit vergeblich.»

Er fuhr fort mit der Frage: «Ist es Ihnen je in den Sinn gekommen, daß Sie nur deshalb hier auf Erden sind, um den Herrn Jesus Christus kennenzulernen, und aus keinem anderen Grund?»

In diesem Buch möchte ich nach einem Weg suchen, der uns näher zu Gott führen kann. Sicher entstände ein besseres Buch, wenn ich erst in zwanzig Jahren schreiben würde. Aber es hat durchaus einen Sinn, die verschiedenen Etappen einer Reise zu beschreiben. Der diplomierte Physiker denkt vielleicht nicht mehr daran, was er in der siebten Klasse in Mathematik gelernt hat, aber nicht, weil die mathematischen Grundlagen für ihn wertlos sind, sondern weil er sich so gründlich mit ihnen auseinandergesetzt hat, daß er sie voraussetzen kann, statt sie immer wieder neu zu erarbeiten.

Wenn Sie bereits an geistlicher Speise kauen, an der ich mir meine unterentwickelten Zähne ausbeißen würde, die Ihnen aber Nahrung bietet, von der ich noch nicht einmal etwas ahne, dann wird dieses Buch bei Ihnen vielleicht Erinnerungen an lang versunkene Tage wachrufen und Ihr Herz mit Dank darüber erfüllen, wie weit Gott Sie gebracht hat.

Doch wenn Sie noch immer mit dem ABC der christlichen Grundwahrheiten zu kämpfen haben, dann lade ich Sie ein, nach vorn zu schauen. Schämen Sie sich nicht. Träumen Sie ein bißchen. Malen Sie sich aus, wohin Gottes Geist Sie führen will. Vielleicht können Sie eine Klasse überspringen, aber verlassen Sie sich nicht darauf. Lernen Sie, was der große Lehrmeister Ihnen vorlegt. Vertrauen Sie darauf, daß er unbeirrbar einem Lehrplan folgt, den er ganz speziell für Sie entworfen hat und der Sie, nach viel Entmutigung und Versagen, dazu befähigen wird, aus der Hand Christi das Diplom entgegenzunehmen. Wir sind hier, um den Herrn Jesus Christus kennenzulernen – einen anderen Grund gibt es nicht.

Suchen wir uns selbst oder Gott?

In der modernen Welt geht es allerdings kaum mehr darum, Gott zu suchen. Statt dessen ist der Mensch auf der Suche nach sich selbst. Selbstliebe und Selbstannahme sind die höchsten Tugenden, Selbsthaß ist die größte Sünde.

Dabei hat alles ganz harmlos angefangen. Auch in christlichen Kreisen erkannte man, daß viele der eigenen Anhänger ihr Päckchen an Leid und Schmerz mit sich herumtragen und dieser Schmerz ihre Seelen oft umgibt wie ein dicker Nebel, durch den die Freude über die Begegnung mit Christus gar nicht mehr hindurchdringen kann. Die Gemeinde sah sich mit der unangenehmen Wahrheit konfrontiert, daß auch die Nachfolger Christi, die doch unter allen Menschen auf dieser Erde den meisten Grund hätten, glücklich zu sein, oft nur ein jämmerlicher Haufe sind, niedergedrückt und unzufrieden, und weder Gott noch sich selbst, noch irgend jemanden sonst lieben können.

Auf der Suche nach Erklärungen entdeckten wir, daß Verletzungen aus der Kindheit sehr tief sitzen und daß die Zeit nicht alle Wunden heilt. Auch die normalen Aktivitäten einer christlichen Gemeinde – Gottesdienst, Bibelstudium, Gebet, Mithilfe beim Kirchenkaffee – scheinen nicht zu genügen. Hinter der Fassade froher Gemeinschaft leiden viele Menschen ganz verzweifelt unter Einsamkeit, bitterem Selbsthaß oder dem ständigen Bewußtsein, den an sie gestellten Erwartungen nicht zu entsprechen. Und dabei verstärkt sich dieses Bewußtsein meist noch in dem Maße, wie sie sich bemühen, alles richtig zu machen.

Wie haben wir auf diese Erkenntnisse reagiert? Die einen wollen uns einreden, innere Verletzungen zu spüren und sich besser fühlen zu wollen, sei egoistisch. Sie warnen vor einer übermäßigen Beschäftigung mit sich selbst und dem verderblichen Einfluß der Psychologie oder behaupten sogar, jeder Versuch, unsere nach Befriedigung dürstenden Wünsche und Leidenschaften verstehen zu wollen, sei bereits ein verwerfliches Zugeständnis an eine «heidnische» Psychologie. Alles Reden vom Heilen verletzter Persönlichkeitsstrukturen und der Wiederherstellung einer gewissen Lebensfreude sei, so erklären sie darüber hinaus, Unsinn – gefährlicher, humanistischer Unsinn!

Doch diese Menschen sind im Unrecht! In uns sind wirklich starke, quälende, trügerische Mächte am Werk, die danach schreien, verstanden, eingeordnet und in den Griff bekommen zu werden. Wenn wir Gott nur aus Pflichtgefühl gehorchen, die Gefühle von Schmerz und Verwirrung aber unterdrücken, dann fehlt unserer Beziehung zu Christus etwas ganz Wesentliches. Auch wenn wir glauben, daß Christus und sein Wort genügen, müssen wir den Blick vor häßlichen Erinnerungen oder tiefen Wunden nicht verschließen. Jesus lädt uns ein, so zu ihm zu kommen, wie wir sind. Wir brauchen uns nicht zu verstellen, wir dürfen den Schmerz spüren, unsere Wut zugeben und uns danach sehnen, daß das Verlangen unseres Herzens gestillt wird.

Viele nun haben dieser Einladung Folge geleistet und sind gekommen, wie sie sind. Wie nie zuvor ist man sich in Kirche und Gemeinde heute bewußt, daß die Menschen leiden. Doch diese begrüßenswerte Offenheit hat nicht zum gewünschten Ergebnis geführt. Im Gegenteil. Statt uns näher zu Gott zu treiben und zur Nächstenliebe zu befreien, hat sie uns nur noch deutlicher bewußt werden lassen, wie sehr wir uns danach sehnen, mit uns selbst ins reine zu kommen, und bewirkt, daß wir noch entschlossener danach trachten, uns um uns selbst zu kümmern. Der Scheinwerfer ist auf uns gerichtet, uns mißbrauchte, verletzte, bedürftige Menschen, und Gott hat die Rolle der großen höheren Macht bekommen, die hinter den Kulissen auf ihren Einsatz wartet, um dann unsere Wunden zu heilen und uns soweit wiederherzustellen, daß wir verantwortungsbewußt leben können.

Es ist zur Hauptaufgabe der Gemeinde geworden, dem Menschen zu einem gesunden Selbstwertgefühl zu verhelfen. Wir lernen nicht mehr, Gott anzubeten, uns selbst zu verleugnen und uns den Dienst etwas kosten zu lassen, sondern wir lernen, das Kind in uns in den Arm zu nehmen, unsere Erinnerungen zu heilen, Abhängigkeiten zu überwinden, Depressionen zu lindern, unser Selbstbild zu verbessern, uns abzugrenzen, um unser Selbst zu schützen, Selbsthaß gegen Selbstliebe auszutauschen und unsere Schamgefühle durch ein Gefühl der Selbstannahme zu ersetzen.

All diese Bemühungen rauben der Gemeinde jedoch einen beträchtlichen Teil ihrer Energie. Und das sollte uns alarmieren. Denn obwohl das Evangelium uns tatsächlich zu einer neuen Identität verhilft, an der wir uns freuen dürfen, so will es uns doch eigentlich zu Höherem berufen als einem Gefühl der Selbstannahme. Die andere Wange hinhalten, den anderen höher achten als sich selbst, die zweite Meile gehen, Ablehnung und Verfolgung erdulden, eher für die Freuden des nächsten Lebens zu leben als für jene, die hier schon erreichbar sind, sich an Gottes Verheißungen klammern, auch wenn von seiner Güte anscheinend nichts zu spüren ist – diese Werte, die Menschen hervorbringen, die für diese Welt zu schade sind (Hebr. 11,38), haben heute einen harten Stand.

Wir haben uns der Aufgabe verschrieben, den Schmerz, der die Ursache unserer Probleme zu sein scheint, zu lindern, anstatt ihn zum Anlaß zu nehmen, um leidenschaftlicher nach dem Wesen und den Zielen Gottes zu fragen. *Sich besser zu fühlen ist ein wichtigeres Ziel geworden, als Gott zu suchen.* Und, schlimmer noch, wir meinen, daß Menschen, die Gott suchen, sich auch immer besser fühlen müßten.

Die Folge eines solchen «Kuschelchristentums» ist, daß wir gern bei jenen biblischen Aussagen verharren, die uns helfen, uns geliebt und angenommen zu fühlen, und den Rest der Bibel, der uns zu größeren Höhen führen will, außer acht lassen. Wir verdrehen die Wahrheit, und aus der Erkenntnis, daß Gott uns annimmt, daß seine Liebe uns versöhnt, daß wir in Christus eine neue Kreatur sind, leiten wir ab, daß wir dieser Dinge wohl auch würdig sein müssen. Statt dessen sollten wir sie als das stehen lassen, was sie sind: die erstaunliche Offenbarung eines Gottes, der in seiner großen Gnade selbst die Menschen liebt, die ihn hassen, eines Gottes, der es wert ist, mehr als jeder, mehr als alles andere geehrt zu werden.

Wir haben es gelernt, Gott so zu loben, wie wir etwa einem besonders aufmerksamen Kellner ein Trinkgeld geben. Eine gute Behandlung halten wir für selbstverständlich. Eine außergewöhnliche Behandlung dagegen verdient auch besondere Anerkennung. Und ganz gewiß steht Gott besondere Beachtung zu. Er hat sich ja große Mühe gegeben, um unser Herz zu befriedigen und unsere Selbstachtung aufzupolieren. Darum geben wir ihm auch ein großzügiges Trinkgeld und fühlen uns dabei edel und großmütig, während er seinerseits in dankbarer und demütiger Freude strahlt, wenn er uns sagen hört: «Recht so, du tüchtiger und treuer Knecht.»

Merken wir überhaupt noch, wie wir die ganze Sache ins Gegenteil verkehrt haben? Plötzlich ist Gott der Ehre würdig, weil er uns geehrt hat. «Würdig ist das Lamm», rufen wir, aber nicht als Antwort auf seine große Gnade, sondern weil er wiederhergestellt hat, was uns am wichtigsten ist – die Fähigkeit, uns selbst zu lieben. *Wir sind wichtiger als Gott.*

Ein dritter Weg

Dem heutigen Christen bieten sich zwei Möglichkeiten, mit dem Leben fertig zu werden. Entweder wir versuchen zu verstehen, welcher Schaden unserer Seele zugefügt wurde, und lernen, die Heilung, die Gott uns anbietet, anzunehmen, oder wir gehorchen Gott, wie wir einem strengen, unbeteiligten Vater folgen würden, ohne ihm je zu sagen, was uns quält. Unsere Nöte stehen entweder im Mittelpunkt, oder sie spielen überhaupt keine Rolle. Entweder sind unsere Bedürfnisse wichtiger als alles andere, oder es ist bereits verkehrt, sie überhaupt nur zu erwähnen.

Was wir jedoch brauchen, ist ein gesunder Mittelweg, einer, in dem sich eine mitfühlende Offenheit für unsere Kämpfe mit der sanften, aber konsequenten Forderung paart, daß es noch etwas Wichtigeres gibt als unser Wohlbefinden. Es ist durchaus gesund, sich dem Schmerz im eigenen Herzen zu stellen, zuzugeben, wie sehr es uns weh tut, wenn andere uns in unserer Ehre kränken, sich selbst einzugestehen, wie verzweifelt wir uns danach sehnen, so geliebt und geachtet und akzeptiert zu werden, wie wir sind. Dennoch aber dürfen wir nicht vergessen, daß im Mittelpunkt des christlichen Glaubens nicht wir stehen, sondern Gott – dem allerdings unendlich an uns liegt.

Unser Hunger allein verpflichtet Gott nicht, die Rolle des Kellners zu übernehmen, der auf ein Zeichen von uns mit vollbeladenen Tabletts aus der himmlischen Küche herbeieilt, um dafür zu sorgen, daß unser Magen gefüllt wird. Christus hat uns mit seinem Blut für Gott erkauft und uns zu Königen und Priestern gemacht, damit wir ihm dienen (Offb. 5,9–10). Wir existieren wegen *ihm*; nicht er existiert für uns.

Wenn wir uns vor Gott beugen und versuchen, zu seiner Freude zu leben und nicht zu unserer, werden wir jedoch nicht zu Sklaven herabgewürdigt, auf deren persönliche Gefühle es nicht ankommt. Gott weiß um unsere Nöte. Und er möchte, daß wir uns freuen, weil uns vergeben wurde, weil wir wertvoll und einzigartig sind. Wie wir uns fühlen, wie man mit uns umgeht, was wir tun, warum wir es tun – alles, was in unserem Leben geschieht, ist wichtig. Wir sind wertvolle Mitspieler im Weltendrama, das er inszeniert. Darum ist es auch richtig, wenn wir uns Gedanken darüber machen, wie wir zurechtkommen können.

Aber Gott ist wichtiger; und er lädt uns ein, eine Beziehung mit ihm einzugehen – zu seinen Bedingungen. Er lädt uns ein, gemeinsam mit ihm sein großes Ziel zu verwirklichen, nämlich das Böse zu überwinden und alles in Christus zusammenzufassen. Kurz, er lädt uns ein, *ihn* zu suchen. Und er läßt uns wissen, daß wir, wenn wir uns aufmachen, ihn zu suchen, auch uns selbst finden werden.

Wir müssen jedoch mehr tun, als nur oberflächlich einräumen, daß das Streben nach Gott wichtiger ist als die Lösung unserer Probleme. Irgendwie muß diese Einsicht sich unseres Herzens bemächtigen wie ein Krebsgeschwür, das den ganzen Körper durchwuchert und alles, was sich ihm in den Weg stellen will, zerstört. Solange die Wirklichkeit Gottes nicht jede andere Wirklichkeit auslöscht, solange wir ihn nicht mit einer Leidenschaft suchen, wie wir sie sonst nirgends kennen, solange werden wir auch die Kämpfe unseres Lebens nicht als Auslöser benutzen, um Gott zu suchen. Solange unser Verlangen nach Gott nicht größer ist als jedes andere Verlangen, solange werden wir versuchen, unser Leben nach unserem Geschmack einzurichten, nicht aber nach dem Willen Gottes.

Dies sind für mich keine theoretischen Wahrheiten. Gott hat, in seiner Gnade, mein Bewußtsein dafür geschärft, daß ich ihn brauche und ihn suchen muß. Ich will das im folgenden erklären.

Teil I

Warum es wichtig ist, Gott zu suchen

Kapitel 1

Ein Erfahrungsbericht

Am Sonntag, dem 3. März 1991, um 9.55 Uhr stürzte eine Boeing 737 der United Airlines auf dem Flug von Denver nach Colorado Springs nur wenige Meilen vom Flughafen entfernt ab. Alle fünfundzwanzig Passagiere kamen ums Leben.

Mein älterer Bruder Bill hatte sich in diesem Flugzeug befunden.

Ich saß mit Rachael, meiner Frau, im Gottesdienst, als einer der Ältesten mir auf die Schulter tippte und flüsterte: «Sie werden dringend am Telefon verlangt.» Ich folgte ihm ins Büro und drückte auf die blinkende Taste.

«Crabb», meldete ich mich.

«Larry? Hier ist Vater. Bill hatte einen Unfall. Phoebe hat gerade vom Flughafen angerufen. Wir wissen nicht genau, was passiert ist, aber sie schien ziemlich durcheinander. Könntest du hinfahren?»

Ich ging zurück in den Versammlungsraum und flüsterte Rachael zu, daß wir gehen müßten. Der Älteste, der mich ans Telefon gerufen hatte, begleitete uns zur Tür, und ich erklärte ihm kurz, was geschehen war. Sein Blick war voller Anteilnahme, und in diesem Moment kamen mir zum ersten Mal die Tränen.

Am Flughafen in Colorado Springs, etwa eine Fahrstunde von unserer Kirche in Denver entfernt, wimmelte es von Menschen. Der ohnehin lebhafte Flughafenbetrieb schien noch hektischer als sonst. Es gelang mir, einen uniformierten Bediensteten anzuhalten und zu fragen, was geschehen sei.

«Flug 585 ist etwas nördlich vom Flughafen abgestürzt. Es gibt keine Überlebenden.»

Ich verließ die Abfertigungshalle, ging hinaus zum Auto und sagte zu meiner Frau: «Bill ist tot.» Ein Gefühl der Leere, wie ich es nie zuvor gekannt hatte, legte sich wie eine zentnerschwere Last auf meine Seele.

Beängstigende Gefühle

In den ersten zwei Wochen nach dem Flugzeugabsturz habe ich viel geweint, und noch heute kommen mir manchmal die Tränen, wenn mich irgend etwas an den schrecklichen Verlust erinnert, den unsere Familie erlitten hat.

Zwei Wochen nach dem Unglück jedoch spürte ich, daß sich noch andere, ungeweinte Tränen in mir aufstauten, die aus einer viel tieferen Quelle raufzudrängen schienen, als es die Trauer über den Tod meines Bruders sein konnte. Ich sagte meiner Frau, daß irgend etwas Eigenartiges in meinem Inneren vorgehe. Es war ein sehr beunruhigendes Gefühl, das sich da in mir regte. Meine Seele wurde von leisen Stößen erschüttert, die mir wie die ersten Anzeichen eines nahenden Erdbebens schienen.

Am Sonntag, dem 17. März, fühlte ich mich unruhig und unwohl. In der Nacht konnte ich nicht schlafen. Gegen Mitternacht schlüpfte ich aus dem Bett, griff nach meiner Bibel und zog mich in mein Arbeitszimmer zurück.

Ich hatte mich kaum hingesetzt, als der Damm, aus mir noch immer ungeklärten Gründen, brach. Tränen stürzten mir aus den Augen und strömten mir übers Gesicht. Ich weinte, ich schluchzte, ich seufzte etwa zwanzig Minuten lang, ohne daß ein verständliches Wort über meine Lippen gekommen wäre; nur das Stöhnen einer gequälten Seele drang aus mir heraus. Ich empfand eine unaussprechliche Trauer, die tiefer ging als alles, was ich je gekannt hatte. Mit erschreckender Deutlichkeit wurde mir klar, daß ich, wie alle anderen Menschen auch, nicht mehr im Paradies lebe und daß es wohl auch keinen Weg zurück gibt.

Und dann kamen die Worte, zunächst langsam und unterdrückt, dann wie ein lauter Schrei. «Herr, ich kann nicht ertragen, was ich sehe. Das Leben ist schrecklich. Ich bin ein Egoist. Alles ist unerträglich. Nichts gibt wirklich Befriedigung. Nichts bringt Erleichterung. Nichts Gutes ist gewiß. Es gibt keine Ruhe. Das Leid ist immer größer als die Freude. Ich kann so nicht mehr weiterleben. Ich muß dich besser kennenlernen, Jesus.»

Dann versiegten die Tränen, so plötzlich, wie sie gekommen waren. Ich blieb ganz ruhig sitzen, und das Bewußtsein, mit Gott im Gespräch zu sein, erfüllte mich; mein tiefstes Inneres stand in Kontakt mit ihm. Er muß sich bestimmt darüber freuen, dachte ich, daß ich mich so ernsthaft danach sehne, mit ihm Gemeinschaft zu haben.

Eine Minute lang fühlte ich mich etwas besser. Doch dann durchzuckte mich die jähe Erkenntnis: «Es geht mir ja immer noch um mich! Ich bin noch meilenweit davon entfernt, Gott auch nur nahe zu kommen. Meine Gedanken sind gar nicht bei ihm. Sie sind bei mir!» Und die Tränen begannen wieder zu fließen, heftiger als zuvor.

Ich krümmte mich regelrecht vor Schmerz, als ich rief: «Herr, ich weiß ja gar nicht, wie ich zu dir kommen soll. Ich muß dich kennenlernen, deine Nähe spüren, deine Liebe erfahren. Ich brauche dich mehr als alles andere. Aber ich weiß nicht, was ich tun soll. Jeder Weg, den ich einschlage, führt zurück zu mir selbst. Ich muß den Weg zu dir finden! Ich weiß, daß du alles bist, was ich habe. *Aber ich kenne dich noch nicht so gut, daß ich auch sagen könnte, du bist alles, was ich brauche*. Bitte, laß dich finden.»

Wenn ich jemals gehofft habe, eine Vision zu sehen oder eine Stimme aus der Stille des Himmels zu mir reden zu hören, dann damals. Aber nichts geschah. Kein sanfter Schimmer erfüllte den Raum. Keine Stimme drang in meine Einsamkeit. Ich war allein. Und ich wurde ruhig, unfreiwillig.

Die Tränen waren versiegt; der Quell, dem sie entsprungen waren, ausgetrocknet. Alle Kraft war von mir gewichen; ich war noch immer verzweifelt, aber nicht mehr von solch panischer Angst erfüllt; für keinen erreichbar – außer für Gott.

Einige Minuten blieb ich erschöpft sitzen, dann griff ich mechanisch nach meiner Bibel. Ich legte sie auf den Schoß und starrte auf sie hinunter, ohne zu wissen, wo ich sie aufschlagen sollte.

Mir fiel ein, was ich vor weniger als zehn Minuten gesagt hatte: «Ich muß dich finden, aber ich weiß nicht, was ich tun soll», und meine Gedanken wanderten, zunächst eher zufällig, dann wie unter einem inneren Zwang zu den Worten im elften Kapitel des Hebräerbriefs. In Vers 6 heißt es: «Aber ohne Glauben ist's unmöglich, Gott zu gefallen; denn wer zu Gott kommen will, der muß glauben, daß er ist und daß er denen, die ihn suchen, ihren Lohn gibt.»

Ich schlug meine Bibel auf und las den Vers vier- oder fünfmal. Er faszinierte mich; denn ich spürte, daß darin eine Kraft verborgen war, die ich gewiß nach und nach kennenlernen würde.

Schon lange habe ich die Hoffnung aufgegeben, ich könnte einen Schlüssel zum christlichen Leben finden, den ich, nachdem ich ihn einmal in der Hand habe, nicht mehr verlieren und der mir auf Wunsch die Türen zu den Wundern des Himmels aufschließen kann. In jener Nacht jedoch wußte ich, daß Jesus Christus, daß der Himmel Wirklichkeit sind und der christliche Glaube etwas Übernatürliches. Und ich spürte, daß ich vor wichtigen Fragen stand, auch wenn ich vielleicht keine letztgültigen Wahrheiten entdecken würde, daß Gott mir aber etwas zeigen wollte, was mich auf dem Weg zu ihm einen Schritt weiterführen würde.

Als ich mich wieder schlafen legte, hatte ich zwar keine neuen Erkenntnisse über diesen Vers aus dem Hebräerbrief gewonnen, aber ich war von einem seltsamen, beinahe heiteren Vertrauen erfüllt, daß große Schätze darauf warteten, gehoben zu werden, daß ich befreiende Wahrheiten entdecken würde, die genau auf meine Bedürfnisse zugeschnitten sein würden.

Auf der Suche nach Gott

Während der nächsten Wochen verfolgte mich dieser Vers. Er ging mir nicht mehr aus dem Kopf. Wieder und wieder las ich die Worte, dachte über sie nach, untersuchte den Zusammenhang, überlegte, was die Bibel darüber sagt, wie ein bereits begnadigter Mensch zu Gott kommt, und betete um Weisheit.

Die Überlegungen jener Zeit sind zur Grundlage dieses Buches geworden. Sie enthalten nichts furchtbar Neues – nein, im Grunde sind sie so alt wie der Bibeltext selbst –, doch für mich wurden sie neu lebendig. Manches erscheint mir jetzt klarer, wichtige Punkte, die unser Verständnis des Lebens mitbestimmen sollten.

Ich möchte Sie einladen, sich gemeinsam mit mir auf den Weg zu machen, um herauszufinden, was Gott uns in diesem Vers und in seinem ganzen Wort sagen will. Diesen Weg können allerdings nur Christen gehen; Menschen, die zur Ruhe gekommen sind, weil ihnen ihre Schuld ganz unverdient und überraschend vergeben wurde; Menschen, die es gelernt haben, ihren Haß auf Gott als das häßlichste und gravierendste Problem ihres Lebens zu erkennen und zu verabscheuen.

Wie können eine unverheiratete Frau, ein unverheirateter Mann, die mit Gefühlen der Einsamkeit zu kämpfen haben, Gott finden? Wie können trauernde Eltern sich an Gottes Güte freuen? Wie kann ein Geschäftsmann mit großer Familie, dessen Betrieb Konkurs anmelden muß, in dem ruhen, was er über Gott weiß? Wie kann ein mutloser, verwirrter, antriebsloser Teenager so viel Vertrauen zu Gott aufbringen, daß er bereit ist, sich dem Leben zu stellen? Denken Sie mit mir darüber nach, was der Schreiber des Hebräerbriefs all jenen Menschen zu sagen hat, die Gott suchen und finden wollen.

Kapitel 2

Mehr als nur leben

Die packende Botschaft der Bibel wird sich uns im Studierzimmer nie ganz erschließen. Wenn wir wissenschaftliche Genauigkeit und die Reinheit der Lehre höher schätzen als eine persönliche, verwandelnde Begegnung mit dem Gott, der sich selbst in seinem Wort offenbart; wenn wir nicht erkennen, daß ein bloß theoretisches Verstehen der Schrift oftmals eher zu einer stolzen Würdigung des gewonnenen Wissens als zu einer demütigen, aber leidenschaftlichen Würdigung Christi führt, dann entwickeln wir eine Rechtgläubigkeit, die letztlich lebensfeindlich ist. Und wir haben nichts begriffen vom Wesen des Evangeliums, das uns zum Leben befreien will.

Um den Pulsschlag der Bibel zu spüren und den Herzschlag Gottes zu hören, müssen wir uns aktiv mit dem Zustand des Lebens «jenseits von Eden» auseinandersetzen. Wenn wir uns innerlich von den fortwährenden Kämpfen mit Sünde und Enttäuschung, denen gefallene Menschen in einer gefallenen Welt ausgesetzt sind, abschotten, dann wird die Beschäftigung mit der Bibel uns eher ein aufgeblasenes Wissen als die befreiende Wahrheit vermitteln.

Der Glaube wird erst da lebendig, wo er sich durch Leid und Schmerz hindurch bewährt. Und ein gesunder Glaube führt uns durch unseren Schmerz hindurch und läßt uns Christus, und damit auch seine Hoffnung, Liebe und Freude, immer tiefer und umfassender erfahren.

Der Schmerz allerdings, der unsere Herzen bereit macht, Gott zu suchen, muß sehr tief gehen. Er ist nicht zu vergleichen mit dem Schmerz eines Nörglers, der unzufrieden vor sich hinbrummt. Er ist auch nicht zu vergleichen mit dem ärgerlichen Schmerz eines in sich selbst verliebten Menschen, der erleben muß, daß sein Egoismus Folgen hat. Noch handelt es sich um die normalen psychischen Verletzungen, von denen wir heute so viel hören und die lediglich den Wunsch in uns wecken, uns selbst besser zu mögen und mehr aus unserem Leben zu machen.

Nein, es handelt sich vielmehr um den Schmerz eines Menschen, der nach einer Freude sucht, die er nicht findet, und der fürchtet, daß er dem Leid nicht ausweichen kann, ja, daß er es vielleicht sogar verdient hat. Es ist ein Schmerz, der uns dazu bringt, einmal innezuhalten und an etwas anderes zu denken als uns selbst, an etwas weit Wichtigeres und Interessanteres als unsere Sorgen darüber, wer wir sind und wie wir mit dem Leben zurechtkommen können. Es ist ein Schmerz, der uns dazu zwingt, beunruhigende Fragen zu stellen, über das Leben und über Gott.

Es muß uns ähnlich ergehen wie dem Mann, der um Mitternacht durch ein altes Haus läuft und plötzlich ein Geräusch hört. Er bleibt stehen und wartet regungslos; mit jedem Nerv meint er die Gegenwart des unsichtbaren Hausherrn zu spüren.

Auch wir werden nur dann lange genug innehalten, wenn uns plötzlich mit erschreckender, verzehrender, ehrfurchtgebietender Deutlichkeit bewußt wird, daß wir nicht mehr im Paradies leben und auch nicht dorthin zurückkönnen und daß wir von Mächten umgeben sind, die sich unserer Kontrolle entziehen. Erst dann finden wir uns bereit, uns dem zuzuwenden, was unseren unmittelbaren Erfahrungshorizont übersteigt, und lassen uns soweit aufrütteln, daß Gott durch sein Wort zu uns reden und uns eine völlig neue Dimension des Lebens erschließen kann.

Ein solcher Schmerz erfüllte mich in jener Nacht, als ich Hebräer 11, Vers 6 aufschlug. Ich *wollte* Gott hören. Ich *mußte* ihn hören. Nichts erschien mir wichtiger. Ich wollte keine Sonntagspredigt ausarbeiten und auch keine Ideen für ein neues Buch sammeln. Ich wollte herausfinden, wie ich leben kann.

Mit dem gleichen Verlangen, mit dem ein Hirsch nach frischem Wasser lechzt, tauchte ich in den Text, um nach Gott zu suchen: «Aber ohne Glauben ist's unmöglich, Gott zu gefallen;

denn wer zu Gott kommen will, der muß glauben, daß er ist und daß er denen, die ihn suchen, ihren Lohn gibt.»

Drei Unterbrechungen

Um den Vers in seinem Zusammenhang zu verstehen, las ich das ganze Kapitel, in dem aus dem Leben vieler alttestamentlicher Glaubenshelden berichtet wird. Das erste, was mir dabei auffiel, war die Tatsache, daß die Schilderungen an drei Stellen durch eine grundsätzliche Bemerkung oder eine Beobachtung kurz unterbrochen werden. Die erste Unterbrechung (Vers 6) erläutert, was es heißt, zu Gott zu kommen. Die zweite (Verse 13 bis 16) erklärt, daß diese alttestamentlichen Gestalten sich nach einem besseren Land sehnten – dem himmlischen. Die dritte schließlich, am Ende des Kapitels (Verse 38–40), bekräftigt, daß «Gott etwas Besseres für uns vorgesehen hat».

Ich fragte mich, was den Schreiber wohl bewegt haben mochte, die drei Gedanken gerade an der jeweiligen Stelle einzufügen. Meinte er, die Personen, von denen jeweils im Abschnitt davor die Rede war, würden den nachfolgenden Gedanken besonders gut illustrieren? Wenn ja, dann wollte er damit wohl folgendes sagen: «Wenn ihr verstehen wollt, was ich in Vers 6 geschrieben habe, dann schaut euch am besten den Menschen an, dessen Leben mich zur Formulierung dieses Prinzips brachte. Wenn ich davon rede, wie man zu Gott kommt, daß man ihm durch den Glauben gefallen kann, daß man glauben muß, daß er der ist, der er zu sein behauptet, und daß er denen, die ihn suchen, ihren Lohn gibt, dann denke ich an Henoch. Betrachtet das Leben dieses Henoch, wenn ihr verstehen wollt, was nötig ist, um zu Gott zu kommen – und ihn zu finden!»

Ich wußte, daß ich das Leben «jenseits von Eden» nicht länger ertragen konnte, wenn ich Gott nicht besser kennenlernte. Den Kampf, der in meiner Seele tobte, würde ich nicht gewinnen. Entweder mußte ich leugnen, daß die Dinge so schlimm stehen (aber ein Gott, der nur dann zu finden ist, wenn man alles, was das Vertrauen zu ihm in Frage stellen könnte, leugnet, ist es nicht wert, gesucht zu werden). Oder ich mußte meinen Schmerz durch die vorübergehende Freude an der Sünde betäuben (auf kurzfristiges Vergnügen folgt jedoch langfristiges Leid). Oder aber ich konnte hoffen, daß mein Gehorsam Gott schließlich überzeugen und er mich segnen würde – mit guter Gesundheit, viel Geld, erfolgreichen Beziehungen, wenig Problemen (doch Gott funktioniert nicht wie ein Automat, der verläßlich die Süßigkeiten ausspuckt, die ich gewählt habe, wenn ich nur das richtige Geldstück einwerfe).

Ich mußte zu Gott kommen – und zwar zu *seinen* Bedingungen. Doch ich schöpfte Hoffnung aus den Worten an sein leidendes Volk zur Zeit Jeremias: «Ihr werdet mich suchen und finden; denn wenn ihr mich von ganzem Herzen suchen werdet, so will ich mich von euch finden lassen» (Jer 29,13.14).

Was aber heißt es, Gott von ganzem Herzen zu suchen? Noch größere Anstrengungen, gehorsam zu sein? Weniger fernsehen? Mehr spenden? Noch eine Bibelgruppe übernehmen? Regelmäßigere Stille Zeit? Eine längere Gebetsliste? Nur noch christliche Radiosendungen hören? Mehr Zeugnis geben? Weniger Geld ausgeben? Mich auch mit dem lästigen Mitarbeiter um eine bessere Zusammenarbeit bemühen? Eine Gebetsnacht einlegen?

Wie kann ich wirklich zu Gott kommen, im Vertrauen darauf, daß ich ihn finden werde, und noch dazu in einer Weise, in der er sich gern finden lassen möchte? Ich beschloß, mir das Leben Henochs etwas näher anzusehen.

Henoch wandelte mit Gott

Zunächst schlug ich die Stelle auf, an der Henoch zum ersten Mal in der Bibel erwähnt wird: 1. Mose 5, 18–24. Das fünfte Kapitel des ersten Mosebuchs enthält eines jener Geschlechtsregister, die wir so gern überspringen oder nur schnell überfliegen. Aber lesen Sie einmal das ganze Kapitel und achten Sie darauf, ob Ihnen etwas auffällt.

In diesem Kapitel ist von zehn Männern die Rede, beginnend mit Adam, über Seth bis zu Noah. Von allen wird, mit steter Regelmäßigkeit, berichtet, daß sie, nachdem sie Vater geworden waren, noch eine bestimmte Anzahl von Jahren lebten. Unterstreichen Sie einmal das Wort «leben» in den Versen 4, 7, 10, 13, 16, 19, 26 und 30. Von jedem Mann wird lediglich gesagt, wie viele Jahre er von der Zeit, als er Vater wurde, bis zu seinem Todestag lebte, außer von Noah (von dessen Tod später berichtet wird) und von Henoch.

Beachten Sie Vers 22: «Und Henoch wandelte mit Gott ...». Die anderen Männer lebten einfach. Henoch wandelte mit Gott. Der Unterschied ist es wert, näher betrachtet zu werden.

Was unterscheidet ein *Wandeln mit Gott* davon, die mir zugedachten Jahre einfach zu durchleben? Vielleicht habe ich, wenn ich zu Gott kommen und ihn wirklich finden soll, zunächst die Frage zu stellen: Lebe ich nur? Oder wandle ich, wie Henoch, mit Gott? (Die Vorstellung, tatsächlich mit Gott zu wandeln, hat für mich etwas Überwältigendes. Manchmal erscheint sie mir ziemlich unrealistisch. Henoch ist schließlich eine biblische Gestalt, und ich bin lediglich ein Amerikaner aus dem zwanzigsten Jahrhundert. Dann wieder wird mir mit atemberaubender Macht klar: Auch ich könnte wirklich mit Gott wandeln!)

Der Prophet Amos stellte die Frage: «Können etwa zwei miteinander wandern, sie seien denn einig untereinander?» (Amos 3,3). Wenn ich mit Gott wandeln will, ist also eines von vornherein klar: Wir müssen in dieselbe Richtung gehen. Und mit Gott gibt es kein Handeln. Ich bin eingeladen, mich ihm anzuschließen. Er wird wegen mir nicht vom Weg abweichen.

Gottes Richtung ist eindeutig. Er hat beschlossen, «daß alles zusammengefaßt würde in Christus, was im Himmel und auf Erden ist» (Eph 1,10). Wenn ich mit ihm wandeln will, dann habe ich keine andere Wahl, als diesen Weg mit ihm zu gehen, und ich muß jedes andere Streben meines Herzens zurückstellen und dem einen Ziel unterordnen, nämlich Christus zu verkünden. Alles, was diesem Ziel entgegensteht, muß aufgegeben werden.

Das sind allerdings recht anspruchsvolle Bedingungen. Christus nachzufolgen verlangt etwas von uns. Es geht um mehr als nur darum, sich des neuen Lebens zu erfreuen. Ja, manchmal scheint es fast, als hätten wir die einzige Hoffnung, die wir für dieses Leben haben, aufzugeben.

Ich sprach einmal mit einer Frau, deren Mann ihren halbwüchsigen Sohn regelmäßig schlug. Der Junge fürchtete sich vor seinem Vater und hatte den christlichen Glauben aufgegeben, weil Gott ja doch nichts tat, um ihn vor diesem jähzornigen Vater zu beschützen. Der Mutter war darüber das Herz gebrochen, sie war zornig und wußte nicht mehr weiter. Nun bat sie mich um Hilfe.

Sie erzählte mir, daß ihre Mutter starb, als sie selbst zehn Jahre alt war. Vier Jahre darauf nahm sich der Vater das Leben. Die Sorge um die drei jüngeren Geschwister lastete nun auf ihren Schultern. Im Laufe der Jahre hatte sie sich zu einer äußerst verantwortungsbewußten Frau entwickelt, die versuchte, jedermanns Probleme zu lösen, auch die eigenen.

Im Gespräch meinte ich zu spüren, daß sie mir mit einer gewissen resignierten Herablassung zuhörte. «Vielen Dank, daß Sie mir helfen wollen. Ich will über alles nachdenken, was Sie da gerade gesagt haben. Aber ich weiß schon, daß mir eigentlich niemand richtig helfen kann. Niemand ist stark genug oder kann sich richtig in meine Lage hineinversetzen. Letztlich bin ich allein verantwortlich und muß selbst herausfinden, wie ich mich verhalten soll.» Sie sagte das zwar nicht laut, aber ihr Verhalten brachte diese Einstellung deutlich zum Ausdruck.

An einem bestimmten Punkt deutete ich an, daß sie für sich die Rolle des Überlebenskünstlers gewählt hatte. Sie betrachtete sich als Führer einer Expedition, die sich in der Einöde verirrt hat und um die noch dazu ein heftiger Schneesturm tobt. Alles hing von ihr ab. Ihr eines, oberstes Ziel bestand darin, all ihre Kräfte zu mobilisieren – und sie war eine äußerst fähige Frau – und dafür zu sorgen, daß alle heil zurückkamen.

Diese Haltung war tief in ihrem Innern verwurzelt, und so spiegelten auch ihre Fragen: «Wie kann ich meinem Sohn helfen?» und: «Was kann ich mit meinem Mann tun?» den quasi mit geballten Fäusten verteidigten Entschluß wider, alles zu tun, damit das Leben besser würde. Und unter diesem leidenschaftlichen Vorsatz verbarg sich der einsame Schrei nach jemandem, der stark genug wäre, für sie dazusein, sie so zu lieben, daß sie die Verantwortung für die gefährdete Mission abgeben konnte. Doch wenn tatsächlich jemand versuchte, zu ihr durchzudringen, so wie ich, dann empfand sie sofort das Unvollkommene der Bemühungen und nahm die Dinge wieder selbst in die Hand.

Ihr Plan war es, ihre Umgebung soweit in Ordnung zu bringen, bis sich jemand um sie kümmern konnte. *Gottes* Plan ist es, alle Dinge in Christus zu vereinen, bis sich jedes Knie vor ihm beugt. Diese beiden – Gott und die ratsuchende Frau – gingen nicht denselben Weg. Sie bewegten sich in verschiedene Richtungen. Wenn jene Frau zu Gott kam, dann nicht, um mit ihm zu wandeln. Sie wollte ihn vielmehr überreden, ihr die Kraft und Ausdauer zu geben, die sie brauchte, um ihre Ziele zu erreichen. Solange sie ihre Richtung nicht änderte, würde sie weder Frieden empfinden, noch die rechte Weisheit erhalten, um mit ihrer Situation umzugehen.

Henoch wandelte mit Gott. Wenn ich so zu Gott kommen wollte wie Henoch, dann, so erkannte ich, war mehr gefragt als nur ein einfaches Übergabegebet und ein paar Extrabemühungen, um mir einen geistlichen Anstrich zu geben. Eine Operation war nötig, eine radikale Operation ohne Narkose, in der all die Vorstellungen, daß das Leben nach meinen Wünschen abzulaufen habe, herausgeschnitten werden mußten. Aber seltsam, es erschien mir gar nicht so abwegig, mich einer solchen Operation zu unterziehen. Sich mit einer tödlichen Krankheit einem Chirurgen anzuvertrauen, dessen Patienten immer genesen, schien mir durchaus klug.

Die Behandlung würde jedoch nicht einfach werden, das war mir klar. Denn sie verlangt nicht nur, daß ich mich ihr mit lauteren Motiven unterziehe, ich muß mich ihr auch regelmäßig neu stellen, besonders dann, wenn der Schmerz in meinem Herzen nach Linderung schreit. Außerdem muß ich die fest in mir verwurzelten, verabscheuenswerten Kräfte kennen, die mich nur allzugern ermuntern, ethische Grenzen zu überschreiten, um meiner gequälten Seele etwas Trost zu verschaffen. Wenn ich erkenne, daß meine Hingabe an mich selbst von ärgerlichen Zweifeln genährt wird, weil ich Gott letztlich nicht zutraue, zu tun, was für mich notwendig ist, dann wird in mir ein Geist der Buße wachsen, eine Bereitschaft, mich von meinen egoistischen Zielen abzuwenden und Gott zu suchen.

Die Operation ist nicht an einem Tag vorüber. Statt dessen folgt mir der Chirurg mit dem Messer in der Hand, zeigt mir behutsam weitere Anzeichen meiner Krankheit und wartet, daß ich stillhalte, um einen neuen Eingriff ausführen zu lassen. Dabei mache ich eine überraschende Beobachtung. Ich entdecke plötzlich, daß ich immer mehr Energie darauf verwende, Gottes Ziele zu verfolgen, und gleichzeitig aufmerksamer darauf achte, wo mein Inneres eine andere Richtung einschlagen will. Zwar leide ich immer noch, wenn andere mich übel behandeln, doch wenn ich mich diesem Arzt ausliefere, lerne ich, noch mehr darunter zu leiden, daß mein Vertrauen zu Christus gerade in Schwierigkeiten so gering ist. Und ich freue mich mehr an der Güte, die er mir erweist, als an meinem aufgeblasenen Eigendünkel.

Wer zu Gott kommen will, muß so kommen wie Henoch. Er muß sein Leben ganz bewußt an Gottes ewige Ziele hingeben, im Wissen, daß das augenblickliche Wohlergehen seiner Kinder nicht immer garantiert ist.

Unheiligkeit ist beschämender als Unbehagen

Etwas zweites ist mir bei Henoch aufgefallen. Anders als bei der großen Mehrzahl seiner und unserer Zeitgenossen quälte es ihn mehr, mit ansehen zu müssen, wie egoistisch sich die Menschen verhielten, als zu sehen, wie sie litten. Im kurzen Brief des Judas finden wir die einzige Predigt des Henoch, die in der Bibel überliefert ist. In dieser Predigt wettert Henoch über Menschen, die ihr unmittelbares Wohlergehen und Glück höher schätzten als persönliche Heiligkeit: «Siehe, der Herr kommt mit seinen vielen tausend Heiligen, Gericht zu halten über alle und zu strafen alle Menschen für alle Werke ihres gottlosen Wandels, mit denen sie gottlos gewesen sind, und für all das Freche, das die gottlosen Sünder gegen ihn geredet haben» (Judas 14 und 15).

Das Problem in Henochs Zeit, in Judas' und auch in unseren Tagen ist dasselbe. Wir betrachten unsere persönlichen Nöte (Selbsthaß, geringes Selbstbewußtsein, finanzielle Sorgen, Einsamkeit) als das zentrale Übel, von dem wir erlöst werden müssen. Und wenn das Streben nach Glück und Wohlergehen sich mit dem christlichen Glauben mischt, dann wird Jesus zu einem göttlichen Masseur, dessen Anweisungen wir erst zu folgen brauchen, wenn wir uns richtig entspannt haben.

Doch das ist nicht das Christentum der Bibel. Christus bietet uns als Trost in unserem Leid nicht sofortige Erleichterung, sondern Hoffnung an und gebietet uns, ihm auch dann mit ganzem Einsatz zu folgen, wenn wir lieber stehenbleiben und uns selbst um unser Wohlergehen kümmern möchten.

Henoch warnt uns davor, frech gegen Gott zu reden. Und vielleicht bringt uns nichts mehr dazu, zu murren und zu hadern, als persönliche Probleme, denen gegenüber Gott gleichgültig zu sein scheint, vor allem, wenn wir sie für sehr ungerecht halten.

Einer meiner Freunde lernte seine Frau auf der Bibelschule kennen. Er beschloß, sie nur zu heiraten, wenn es ganz eindeutig Gottes Wille wäre. Er betete inständig, beriet sich mit gottesfürchtigen Menschen, holte den Rat seiner Eltern. Während der gesamten Verlobungszeit benahm er sich untadelig. Mit der wohlmeinenden Zustimmung aller Beteiligten bat er seine Auserwählte schließlich, ihn zu heiraten, und sie waren sich einig darüber, ihr Leben ganz in den Dienst des Herrn zu stellen.

Nach sieben Ehejahren und der Geburt zweier Kinder offenbarte seine Frau ihm, sie sei lesbisch und wolle nun mit der Freundin zusammenziehen, mit der sie sich schon seit Jahren heimlich getroffen hatte. Sie verließ ihre Familie, reichte die Scheidung ein und zog zu ihrer Geliebten. Sechs Jahre später nahm sie sich das Leben.

Seitdem haben sich an den beiden Kindern, inzwischen im Teenageralter, ernsthafte Störungen gezeigt. Die Tochter leidet unter Bulimie und hat sexuelle Beziehungen mit wechselnden Partnern; sein Sohn hat kürzlich zugegeben, seit seinem zehnten Lebensjahr Drogen zu konsumieren.

Nehmen Sie einmal an, dieser Mann bittet Sie um Hilfe. Nachdem er die tragischen Einzelheiten seines Lebens geschildert und offen über seine Kinder und seine tote Frau geweint hat, bricht es aus ihm heraus: «Warum hat Gott nicht eingegriffen? Warum ließ er es zu, daß ich diese Frau heiratete, wenn es doch nur Leid und Schmerz über uns bringen mußte? Ich habe wirklich nach seinem Willen gefragt – und nun sieh dir an, was daraus geworden ist. Wie kann ich ihm denn noch vertrauen – wo alles in die Brüche gegangen ist? Kann mir denn irgend jemand garantieren, daß meine Kinder wieder zurechtfinden? Und muß ich nicht annehmen, daß meine Frau in der Hölle ist?»

Wenn Sie die Theologie von Hiobs Tröstern vertreten, dann werden Sie Ihrem Freund kaum besser helfen können als jene Hiob. Es gibt einen Weg, sagten sie, um Gott dahin zu bringen, daß er dir gibt, was du möchtest. Leg Gott deine Sache vor, lebe so, wie es von dir erwartet wird, bereue alles Böse, und Gott wird «deinetwegen aufwachen und wird wieder aufrichten deine Wohnung, wie es dir zusteht» (Hiob 8,6).

In unseren Tagen klingt diese Botschaft so: Du kannst Gott dazu bewegen, dir zu geben, was du willst. Er wird deine Frau zwar nicht wieder zum Leben erwecken, und vielleicht wird er auch deine Kinder nicht zurechtbringen, aber er wird dir helfen, daß du dich selbst wieder gut fühlen kannst. Selbst wenn die äußeren Umstände unverändert schwierig bleiben, kannst du es lernen, dich selbst anzunehmen und dich darüber zu freuen.

Der heutige Mensch unterliegt nicht mehr unbedingt dem

Fehler, den Frieden Gottes, der höher ist als alle Vernunft, mit angenehmen Lebensbedingungen gleichzusetzen. Statt dessen begreift er ihn als ein gesundes Selbstwertgefühl. Beide Definitionen treffen den Kern jedoch nicht. Gottes Friede gehört denen, die auch in schwierigen Situationen und auch dann, wenn ihr Selbstbewußtsein definitiv auf dem Nullpunkt ist, auf seine Güte trauen. Es ist durchaus möglich, Gottes Frieden zu erfahren und gleichzeitig unter mangelndem Selbstbewußtsein zu leiden.

Wenn ich jedoch nicht davon überzeugt bin, daß Gott gut ist, und wenn ich mein Bemühen darum, doch an seine Güte glauben zu können, nicht ganz ernst nehme, dann werde ich zwar still, aber mit zusammengebissenen Zähnen beschließen, die Verantwortung für mein Wohlergehen selbst zu übernehmen. Gottes Liebe wird mir dann zum Anstoß, mich selbst besser lieben zu lernen. Ich argumentiere etwa folgendermaßen: «Gott liebt mich. Er nimmt mich an. Er möchte, daß ich mich, als sein Kind, an mir selbst freue. Darum ist es sicher auch nach seinem Willen, wenn ich versuche, diese Freude noch zu steigern.»

Judas bezeichnete die Menschen, die «die Gnade unseres Gottes für ihre Ausschweifung» mißbrauchen (Judas 4), als «Gottlose». Und wir sollten uns hüten, unter Gottlosigkeit und Ausschweifung nur so offensichtliche Sünden wie Ehebruch, Habgier oder Trunksucht zu verstehen. *Immer dann, wenn uns die Lösung unserer Probleme wichtiger wird als das Streben nach Gott, werden die Kräfte der Ausschweifung freigesetzt.*

Mein Freund muß darum ringen zu glauben, daß Gott unser Vertrauen wert ist, auch wenn er seine Frau nicht vor dem Selbstmord, die Tochter vor Bulimie und sexueller Ausschweifung und den Sohn vor den Drogen bewahrte. Wenn er diesen Kampf verliert, dann wird er sich mehr über das aufregen, was aus seinem Leben geworden ist, als über seine unheilige Forderung nach einem glücklichen Leben. Gewinnt er jedoch, dann wird er frei *davon,* aus den Trümmern seines Lebens doch noch ein bißchen Glück retten zu wollen, und *dazu* befreit, sich

Gottes Zielen zu widmen. Und er wird – wenn auch nur im Ansatz – entdecken, was wahre Freude ist.

Wir müssen Gott auch dann noch gut nennen, wenn es uns schlecht geht – weil er gut ist! Und wenn alles wunderbar läuft, dann müssen wir ihn auch gut nennen, aus Gründen, die viel tiefer liegen als unser unmittelbares Wohlergehen. Andernfalls werden wir frech über Gott reden, wenn uns Probleme bedrängen, und werden alles daransetzen, nach Befriedigung unserer Seelen zu suchen. *Wir werden uns mehr über unser Unbehagen sorgen als über unsere unheilige Haltung.*

Wenn ich Gott wirklich finden will, dann muß ich so zu ihm kommen wie Henoch. Ich muß glauben, daß Gott gut ist, ganz gleich, was das Leben bringt, und mich deshalb weigern, meinen Wunsch nach unmittelbarem Wohlergehen wichtiger zu nehmen als den Willen, Gott zu ehren.

Henoch gegen Lamech

Wir wollen noch einmal Judas 14 ansehen. Judas bezeichnet Henoch als «den siebenten von Adam an». Sein Hauptgrund dafür war wohl, ihn von den anderen in der Bibel genannten Männern gleichen Namens zu unterscheiden.

Weil ich begreifen wollte, was es bedeutet, so zu Gott zu kommen wie Henoch, fragte ich mich allerdings, ob ich aus diesem kurzen Satz nicht noch mehr lernen konnte. Deshalb schlug ich 1. Mose auf und erinnerte mich daran, daß aus Adam zwei Linien der Menschheit hervorgingen – eine durch Seth, die andere durch Kain – und daß Henoch der siebente von Adam an durch Seth war.

Dann stellte ich mir zwei Fragen: Wer war der siebente von Adam an durch Kain? Und: Lassen sich auch in den Nachkommen Kains bestimmte Charakterzüge ihres Vorfahren wiederfinden? Die Antwort auf diese Fragen konnte vielleicht einen Gegensatz zu Henoch zutage fördern und mir helfen zu erkennen, wie ich *nicht* zu Gott kommen sollte.

In 1. Mose 4,17–24 erfahren wir, daß der siebente von Adam

an durch Kain Lamech hieß. Er ist auch der erste von der Geschichte bezeugte Polygamist. Aus der Art, wie er sich seinen beiden Frauen gegenüber seiner Macht brüstete, läßt sich deutlich ablesen, daß er es gewohnt war, seinen Willen durchzusetzen. Er sagte: «Ihr Weiber Lamechs, merkt auf, was ich sage: Einen Mann erschlug ich für meine Wunde und einen Jüngling für meine Beule» (1 Mose 4,23).

In der damaligen primitiven Kultur bedeuteten Zahlen Macht. Vielleicht hatte er, entgegen Gottes Plan, zwei Frauen geheiratet, um seinen Einfluß auszuweiten. Im Text findet sich kein Hinweis darauf, daß Lamech wegen irgend etwas zu Gott kam, doch wenn er es je tat, dann sicher nur, um noch mehr Kräfte zu mobilisieren, um seine egoistischen Ziele zu erreichen.

Und Lamechs Bestreben, für sein eigenes Wohlergehen zu sorgen, scheint tatsächlich einen von Kain vererbten Charakterzug widerzuspiegeln, einen Zug, den Judas «den Weg Kains» nennt. Als Gott Kain strafte, weil er seinen Bruder erschlagen hatte, sagte er in seinem Urteil: «Unstet und flüchtig sollst du sein auf Erden» (1 Mose 4,13). Es sollte Kain nicht erlaubt sein, irgendwo seinen Koffer auszupacken und sich zu Hause zu fühlen.

Jeder, der viel unterwegs ist, weiß, was für ein schreckliches Schicksal das ist. Ich bin erst kürzlich von einer vierwöchigen Reise durch Europa zurückgekehrt, während der meine Frau und ich vier verschiedene Länder besuchten und in neun verschiedenen Betten schliefen. Während der gesamten Reise haben wir unsere Koffer nie vollständig ausgepackt, da wir wußten, daß es schon bald wieder weitergehen würde. Wir waren nirgends zu Hause.

Gegen Ende der Reise sehnten wir beide uns danach, heimzukehren, obwohl wir von unseren verschiedenen Gastgebern überall herzlich aufgenommen wurden. Und das erste, was ich tat, als wir endlich die heimische Schwelle überschritten, war, den ganzen Koffer auszuräumen und an seinen Platz in den Schrank im Keller zurückzubringen. Immer unterwegs zu sein und nie nach Hause zu kommen, das wäre mir äußerst zuwider.

Kain beklagte sich bei Gott: «Meine Strafe ist zu schwer, als daß ich sie tragen könnte» (1 Mose 4,12). Entschlossen, sein Schicksal zu bezwingen, versuchte er, sich selbst ein angenehmes Leben zu schaffen. Er gründete eine Familie und begann, «eine Stadt» zu bauen (1 Mose 4,17).

Ohne ein Anzeichen von Reue machte Kain sich daran, die Folgen seiner Sünde zu überwinden und selbst für die angenehmen Bedingungen zu sorgen, die er verständlicherweise ersehnte. Er sagte damit gewissermaßen das Folgende: «Okay, ich lebe nicht mehr im Paradies. Und seit du Vater und Mutter aus Eden verjagt und diesen Rausschmeißer am Tor plaziert hast, weiß ich auch, daß ich mich daran gewöhnen muß, in einer Welt voller Disteln und Dornen zu leben. Aber selbst wenn ich nicht mehr im Paradies bin, mit dem jämmerlichen Leben eines Nomaden werde ich mich nie abfinden. Ich werde alles tun, um soviel wie möglich von der paradiesischen Erfahrung wiederzugewinnen. Ich werde eine Stadt bauen, ein paar Bäume pflanzen und einen Spielplatz für meine Kinder anlegen. Aber ich werde nicht ständig umherirren, ohne zu versuchen, irgendwo seßhaft zu werden. Für mich gibt es nichts Wichtigeres, als für ein angenehmes Leben zu sorgen.»

Weil Kain diese Haltung all seinen Nachkommen vererbte, sind wir nun in der Lage, zwei Lebensansätze gegenüberzustellen – den Weg Lamechs (der den gottlosen Einfluß Kains widerspiegelt) und Henochs Weg (der der göttlichen Linie von Seth folgt). Lamech erklärte: «Ich will eine Stadt bauen! Ich will mich jetzt am Leben freuen!» Henoch sagte: «Ich will an Gottes Reich bauen! Und ich will darauf vertrauen, daß Gott eines Tages eine Stadt erbaut, in der ich mich freuen kann.»

Weil Gott seine Kinder so sehr liebt, ist er oft bereit, unser Leid zu lindern und unsere Probleme zu lösen. Doch weil seine Liebe eine intelligente Liebe ist, die weiß, was für uns am besten ist, hat er uns etwas Interessanteres anzubieten als ein Leben, das sich nur um sich selbst dreht. Er holt uns ein mit seiner übernatürlichen Wirklichkeit und fordert uns auf, für sein ewiges Reich zu leben.

Die Beschäftigung mit uns selbst darf nie so weit führen, daß wir darüber vergessen, daß es noch etwas weit Größeres zu bedenken gibt. Wenn ich Lamechs Ansatz verwerfe und mich Gott so nähere, wie Henoch es tat, dann muß ich mein Fasziniertsein von mir selbst aufgeben zugunsten einer weit wertvolleren Beschäftigung mit dem Wesen und den Zielen Gottes. Es geht nicht um mich. Es geht um ihn. Ich lebe um seinetwillen, nicht er wegen mir.

Wir müssen uns darum fragen: Leben wir einfach unser Leben, oder wandeln wir mit Gott? Geht es uns vor allem darum, unsere Seele zu pflegen; unser Leben so zu arrangieren, daß all unsere Bedürfnisse befriedigt werden; unsere Stadt zu bauen? Oder geht es uns darum, Gott kennenzulernen; mit ihm zusammenzuarbeiten an einem Plan, der größer ist als wir selbst; dem Sohn ähnlicher zu werden, den der Vater innig liebt; und auf die Stadt zu warten, die Christus für uns bereitet?

Wir müssen neu begreifen, was es heißt, zu Gott zu kommen; zu glauben, daß er gut ist, auch wenn unser Leben nicht danach aussieht; im Wissen, daß er den ehrlich Suchenden belohnen wird, auch wenn dessen Seele weiterhin unablässig schmerzt.

Wie können wir die Lektion aus Hebräer 11 in die Praxis umsetzen? Wie würde unser Leben aussehen, wenn wir so zu Gott kämen wie ein Henoch?

Kapitel 3

Natürliche Begierden

Wir alle wissen, was es heißt, von starken Mächten, die geheimnisvoll aus den Tiefen unseres Inneren aufsteigen, bewegt zu werden. Diese Mächte nennen wir Begierden, Leidenschaften oder auch Sehnsüchte. Sie sind die meist unbewußten Triebkräfte unseres Handelns.

Manche Menschen erleben sie in ihrer heftigsten Form bei Tisch, wenn sie in völlig irrationaler Weise vom Drang, zuviel (oder zu wenig) zu essen, überfallen werden. Andere erliegen einem regelrechten Kaufrausch, wenn sie durch die Fußgängerzone gehen und die reichhaltigen Auslagen betrachten.

Bei anderen wiederum regt sich die Begierde am ehesten in der Einsamkeit eines Hotelzimmers, wo ein einfacher Knopfdruck den Bildschirm mit magisch anziehenden, unzüchtigen Bildern füllen kann. Nicht wenige Pfarrer haben mir auch von den durchaus sexuell geprägten Gedanken und Gefühlen erzählt, die sie durchpulsen, während sie am Sonntagmorgen vor der Gemeinde stehen und darauf warten, mit der Predigt zu beginnen.

Bei anderen, auch verantwortlichen Christen, ist der Wunsch nach Erfolg die stärkste Antriebskraft. Eifersucht, ausgelöst durch die Erfolge anderer, kann ein geradezu zwanghaftes Streben danach bewirken, «groß herauszukommen», und läßt den eigentlichen Auftrag vergessen.

Eine Diskussion über die Triebkräfte unseres Handelns würde sicher auch manche Menschen dazu bringen, sich einmal über ihre inneren Kämpfe gegen Selbstverachtung und Selbsthaß Gedanken zu machen. Schuldgefühle und Angst sind oft ihre intensivsten Leidenschaften. Für andere sind Wut und Zorn die heftigsten Gefühle. Ehemänner gehen in die Luft, wenn sie die Kontoauszüge in der Hand halten und sehen, daß wieder einige

Einkäufe per Scheck getätigt wurden. Frauen kochen innerlich, wenn sie zuhören, wie ihre Männer mit den Gästen über ihre beruflichen Erfolge plaudern, während sie jede sinnvolle Unterhaltung über familiäre Probleme im Keim ersticken.

Wieder andere würden behaupten, daß sie keine Leidenschaften kennen. Vielleicht sind sie verantwortliche Christen, deren Grundsatz lautet, sich nicht von den Problemen des Lebens unterkriegen zu lassen, oder engagierte Geschäftsleute, die sechzig Stunden in der Woche arbeiten. Oder es sind frustrierte Singles, die nicht auf die Reihe bringen, wie sie als geschlechtliche Wesen leben können, ohne in irgendeiner Weise Anstoß zu erregen.

Doch es gibt keinen Menschen ohne Leidenschaften, und da, wo sie nicht empfunden werden, sind sie oft lediglich verdrängt. Man verbirgt sie unter einer undurchdringlichen Hülle, die vor jeder Berührung schützt. Dabei mag man durchaus eine oberflächliche Freundlichkeit an den Tag legen, immer gut gelaunt und zu einem kleinen Scherz bereit sein. Manchmal wirken Menschen, die ihre Leidenschaften verdrängen, auch farblos und langweilig und so, als wären sie durch nichts aus der Ruhe zu bringen.

Aber sie sind weder farblos noch langweilig. Niemand ist das. Jeder engagiert sich für irgendeine Sache. Jeder Mensch hat bestimmte Ziele, die er leidenschaftlich verfolgt. Wir spüren die Kraft, die uns antreibt, vielleicht nicht mehr, als wir fühlen, daß die Erde unter unseren Füßen sich dreht. Aber sie ist da, und sie hat Auswirkungen auf unser Leben. Und sie ist da, seit Adam und Eva aus dem Paradies vertrieben wurden. Wir alle sind wild entschlossen, ein Stück Land zu suchen, auf dem nicht so viel Unkraut und Dornen wachsen.

Bürger dieser Welt

Ohne eine radikale Umkehr des Denkens ist jedoch niemand bereit, seinen Anspruch auf dieses Land hier und jetzt für ein Versprechen auf eine Wohnung im Himmel aufzugeben. Unser natürliches Bestreben ist darauf gerichtet, das Leben außerhalb des Gartens möglichst so zu gestalten, wie wir es uns im Paradies vorstellen. Deshalb sind wir mehr damit beschäftigt, unser Leben hier einzurichten, als damit, Gott zu suchen und für die Hoffnung auf später zu leben. Und wenn wir uns Gott doch zuwenden, dann nur, damit er unsere gegenwärtige Situation verbessert.

Alle anderen Wünsche und Leidenschaften, die uns Probleme bereiten, haben hier ihren Ursprung – ein entstelltes Verlangen nach Essen oder nach Sex; perverse Triebe, die uns in den unpassendsten Augenblicken überfallen; der verzehrende Wunsch, uns selbst besser leiden zu können; der krampfhafte Entschluß, es persönlich oder beruflich zu etwas zu bringen; die hartnäckige Vorstellung, geistlicher Segen müßte sich in einem angenehmen, sinnvollen Leben niederschlagen, das von keiner Tragödie oder Spannung betroffen werden kann; Rachegelüste gegenüber denen, die uns verletzt haben. Wir sind fest entschlossen, dafür zu sorgen, daß unser Leben erträglicher wird, und wir tun alles, was nötig ist, um dieses Ziel in dieser grundsätzlich enttäuschenden, manchmal ganz angenehmen, alles in allem aber verzweifelt ungewissen Welt zu erreichen.

Daß wir ein tiefes, bohrendes Verlangen danach verspüren, daß es uns in dieser Welt wohlergehen möge, ist so natürlich wie das Atmen. Und es ist auch nichts Verkehrtes dabei – *es sei denn, wir haben kein tieferes Verlangen!* Gott hat uns gesagt, wir sollten ihn mit einer Leidenschaft lieben, die alle anderen Leidenschaften übersteigt. Und solange wir Gott nicht so inbrünstig suchen wie ein durstiger Hirsch, der nach Wasser lechzt, und diesen Wunsch mit größerer Leidenschaft verfolgen als den Wunsch nach einem neuen Haus, dem Lob unserer Eltern oder nach Kindern, auf die wir stolz sein können, solange fühlen wir uns in dieser Welt recht wohl. Wir erkennen ihre Regeln an. Unser Bürgerrecht ist hier.

Bürger dieser Welt haben im wesentlichen zwei Zielvorstellungen: 1.) Sie suchen nach Möglichkeiten, um ihr gegenwärtiges Leben glücklicher zu gestalten. 2.) Sie versuchen die Menschen und Dinge ihrer Umgebung dahingehend zu beeinflussen, daß sie bei der Verfolgung von Ziel 1 mitspielen. Hinter jedem Akt der Nächstenliebe oder Wohltätigkeit, hinter jedem Opfer schlummert ein ganz und gar eigennütziges Motiv, das seinen moralischen Wert zunichte macht.

Der Christ hingegen ist Bürger einer anderen Welt; in der jetzigen leben wir als Fremde, als Außenseiter, als Pilger. Was uns kennzeichnet, ist unser Verlangen nach Gott, die Bereitschaft, auch Schweres zu ertragen, wenn es der Dienst für Gott jetzt erfordert, weil wir ihn lieben und seiner Verheißung vertrauen. Doch unsere natürlichen Leidenschaften stehen dem immer wieder entgegen, und obwohl wir uns auf unser Bürgerrecht im Himmel berufen, leben wir wie Einheimische.

Wir wissen gar nicht, was es heißt, Gott zu lieben, solange wir uns nicht mit den Trieben, die sich immer nur um uns selbst drehen, auseinandergesetzt haben. Und wir können gar niemanden lieben außer uns selbst, bevor wir Gott nicht begegnen und von dieser Begegnung so angerührt werden, daß wir nur noch ihm folgen und nichts anderes mehr wollen, als ihm immer näherzukommen.

Das jedoch stellt uns vor ein Problem. In einer Kultur, die sich so gründlich dem jetzigen Leben widmet, und in einer Kirche, deren Lehre so durchsetzt ist mit Ratschlägen, wie wir das eigene Ich vervollkommnen und ein glückliches Leben aufbauen können, ist es nicht einfach, ein Verlangen nach etwas zu entwickeln, das nicht sofortige Befriedigung verspricht. Die frühe Kirche, die sich als Botschafterin eines fremden Reiches verstand, lehrte noch, Hauptaufgabe des Menschen sei es, Gott zu verherrlichen und sich auf ewig an ihm zu erfreuen. Die moderne Kirche lehrt nur allzuoft, Hauptaufgabe Gottes sei es, den Menschen zu erfreuen.

Doch wir müssen dahin zurückkommen, daß unsere persönliche Erfüllung kein Wert an sich ist, daß das Wohlergehen des einzelnen in jedem Fall weniger wichtig ist als die Ehre Gottes und daß wir uns nur dann selbst finden werden, wenn wir zuerst nach Gott suchen.

Aber ist es denn möglich, so zu denken? Gibt es wirklich einen Menschen, der bereit ist, sein unmittelbares Wohlergehen für das Vorrecht, Christus kennenzulernen, zu opfern? Das elfte Kapitel des Hebräerbriefs ist voller Berichte von Menschen – sehr bemerkenswerten und sehr gewöhnlichen, alle aber schwach und sündig –, deren Leben von einem außerordentlichen Verlangen nach etwas gekennzeichnet war, was diese Welt ihnen nicht bieten konnte. Abraham verließ sein angenehmes, vertrautes Leben, um dorthin zu gehen, wohin ihn eine übernatürliche Stimme führte. Mose gab den Luxus eines Lebens im Königspalast auf, um mit einer Million launischer Menschen im Gefolge durch eine öde Wüste zu ziehen. Andere ließen sich in Stücke sägen, weil sie ihre Treue zu Gott nicht leugnen wollten.

Warum? Was war das für eine Leidenschaft, die sie dazu trieb, ein sofortiges Wohlergehen auszuschlagen? Nicht einer von ihnen empfing in diesem Leben, was sein natürliches Wesen sich wünschte. Sie alle besaßen bei ihrem Tod nicht mehr als das Vertrauen auf einen Gott, der sich ihnen offenbart hatte. Und sie waren ganz normale Menschen, Menschen wie du und ich, die es sich lieber gutgehen ließen, als zu leiden – *solange ihr Wohlergehen sie nicht daran hinderte, zu Gott zu kommen.* Für sie gab es nichts Wichtigeres, als Gott zu suchen.

Es stellt sich darum die Frage: Wie können wir, Jahrhunderte später, in einer Welt, die noch genauso voller Freude und Enttäuschung ist, mit demselben Drang, unser Leben selbst in die Hand zu nehmen, ein ebensolches Verlangen nach Gott entwickeln? Was können wir tun, um einen Drang nach Christus zu wecken, der mächtiger ist als unser natürlicher Selbsterhaltungstrieb? Was müssen wir tun, um ein Verlangen nach Gott zu entwickeln, das zu einer wirklichen Begegnung mit ihm führt, einer Begegnung, die uns dazu befreien wird, uns anderen zuzuwenden, nicht um unsere Güte zu beweisen oder ihre Zuneigung zu erringen, sondern um sie zu segnen?

Dieser Frage möchte ich mich nun zuwenden. Und ich tue das, indem ich zunächst einmal frage, wie natürliche Begierden sich entwickeln, und diesen Prozeß dann im folgenden Kapitel der Entwicklung übernatürlicher Leidenschaften gegenüberstelle.

Die Entwicklung natürlicher Begierden

Jedes Kind hat mit zwei Kräften in seinem Leben zu kämpfen: Kräften in seinem eigenen Ich und Kräften in seiner unmittelbaren Umgebung. Von Geburt an regen sich im *Ich* der werdenden Person sehr wirkliche Wünsche und Triebe, die nach Aufmerksamkeit verlangen. Ein Baby spürt diese inneren Begierden wahrscheinlich heftiger als irgend etwas anderes. Darum ist es nur natürlich, daß es versucht, möglichst viel Freude und möglichst wenig Schmerz zu erfahren. Es möchte, daß seine Bedürfnisse befriedigt werden.

Doch die *Welt* um das Kleinkind herum spielt dabei nicht immer mit. Milch gibt es nicht immer auf Verlangen. Mütter scheinen den Wünschen, die im Inneren des kleinen Ichs kochen, manchmal recht herzlos und unempfindlich gegenüberzustehen. Und wenn das Kind älter wird, sind es andere Mächte, die sich der Erfüllung seiner Wünsche in den Weg stellen: hübschere Schwestern, sportlichere Brüder, alkoholsüchtige Väter, erdrückende Mütter, besser gekleidete Schulkameraden, «seltsame» Onkel, übelgesonnene Lehrer, erniedrigende Trainer, ungeduldige Musiklehrer. Überall lauern die feindlichen Mächte! Das Kind begreift darum – verhältnismäßig schnell –, daß es sich vor den unberechenbaren Mächten in seiner Welt schützen muß.

Das *Ich* mit all seinen Trieben, Sehnsüchten und Träumen von seinem eigenen Wohlbefinden muß sich mit einer *Welt* voller Erwartungen, Regeln und Zwänge arrangieren, die seinen eigenen Wünschen entgegenzustehen scheinen. Wie das Kind die Spannung zwischen den Wünschen seines Ichs und den Anforderungen der Welt löst, hängt zum Teil davon ab, wie die Eltern ihrer Rolle als unmittelbares Gegenüber für das Kind gerecht werden. In der Regel vermitteln sie eine von zwei Grundhaltungen. Entweder: «Wir wollen, daß du glücklich wirst.» Oder: «Wir wollen, daß du ein guter Mensch wirst.» Natürlich wollen die meisten Eltern letztlich beides, doch eine Botschaft von beiden kommt lauter herüber als die andere.

Wenn die Eltern dem Glück ihres Kindes den höchsten Wert beimessen (und Bestätigungen und Begünstigungen als die wichtigsten Elemente ansehen, welche die Welt geben kann, um Glück zu gewährleisten), dann wird das Kind in seiner Neigung gestärkt, sein eigenes *Ich* höher zu bewerten als das der anderen. Die Welt existiert um seinetwillen. Die Befriedigung seiner eigenen Wünsche, auf die es immer aufmerksamer reagieren lernt, wird zum höchsten Wert. Und es wird zur lebenslangen Aufgabe, herauszufinden, wie es seine Welt am wirksamsten benutzen kann, um sein Ziel, nämlich persönliches Wohlergehen und Freude, zu erreichen.

Sagen die Eltern jedoch: «Wir wollen, daß du ein guter Mensch wirst», dann nimmt die Spannung zwischen Ich und Welt augenblicklich zu. Diese Botschaft entspringt oft dem bewußten und auch lobenswerten Wunsch der Eltern, ihr Kind zu einem verantwortungsbewußten Wesen zu erziehen. (Manchmal beinhaltet sie aber auch eine Definition von «gut», die bedeutet: «Du darfst nie jemandem lästig fallen, vor allem nicht deinen Eltern.» Wenn das Kind dazu noch vernachlässigt oder sogar verlassen, wenn es ständig hart bestraft wird, dann lernt es, unfreiwillig, sich bei den Eltern nicht störend bemerkbar zu machen. «Sei gut» heißt in solchen Familien: «Stör uns nicht», was wiederum bedeutet: «Mach dich ja nicht in irgendeiner Weise bemerkbar, die uns nicht paßt.»)

Manche Kinder dämpfen die Spannung, indem sie ihr Ich aufgeben und seine Wünsche ärgerlich betäuben. «Wer ich bin und wie ich mich fühle, spielt keine Rolle. Wenn ich auf meine Wünsche Rücksicht nehme, dann gerate ich nur in Schwierigkeiten und fühle mich mies. Also ignoriere ich sie lieber. Ich tue, was in einer Welt, die stärker ist als mein Ich, von mir erwartet wird.» (Eine solche Haltung führt allerdings eher zu Selbstverachtung als zu gottgewirkter Demut.)

Andere, die in einer Atmosphäre des «Wir wollen, daß du ein

guter Mensch wirst» aufwachsen, lösen die Spannung zwischen inneren Wünschen und äußeren Forderungen, indem sie die Welt der Regeln und Begrenzungen zugunsten ihres Selbsterhaltungstriebs links liegen lassen. Sie sagen: «Ich muß selbst auf mich achten. Ich bin für niemanden von Nutzen, solange ich mich selbst nicht mag. Meine Welt ist nicht sonderlich daran interessiert, mir dabei zu helfen. Also muß ich mich selbst darum kümmern.»

Verwöhnt oder angepaßt

Ergebnis dieser verschiedenen Ansätze, uns mit unserer Welt zu arrangieren, ist es, daß die tiefsten Leidenschaften, die sich in uns entwickeln, entweder *verwöhnender* oder *angepaßter Natur* sind. Entweder wir suchen uns um uns selbst zu kümmern und halten unseren Eigennutz für durchaus gerechtfertigt, oder wir setzen alles daran, alle Menschen in unserer Umgebung glücklich zu machen, damit sie keine Ursache finden, uns zu kritisieren, zu mißbrauchen oder gar im Stich zu lassen. Und diese Haltung formt unser Gottesbild.

Der verwöhnende Ansatz sieht in Gott kaum mehr als einen verläßlichen Lieferanten all dessen, was wir brauchen. Er symbolisiert die vollkommene Umgebung, die unser Ich braucht, um sich entfalten zu können. Der verwöhnte Mensch betet Gott nur deshalb an, weil dieser Gott sich ihm zugewandt hat. Seine Gnade wird zum Freibrief für eine «verchristlichte» Eigensucht. «Wenn Gott mich so sehr liebt, daß er sogar seinen Sohn für mich in den Tod schickte, dann muß ich ja von unschätzbarem Wert sein. Es ist darum nur gut und recht, wenn ich all meine Kraft daran setze, mich selbst so schätzen zu lernen, wie er es tut. Es gibt kein größeres Übel als ein geringes Selbstbewußtsein.»

Anpasser bevorzugen ein besser strukturiertes, eher distanziertes Verständnis des Glaubens, bei dem es auf die Reinheit der Lehre und das Befolgen bestimmter Regeln ankommt. Sie setzen alles daran, die Krankheit der moralischen Zügellosigkeit mit dem tödlichen Virus der Gesetzlichkeit zu bekämpfen. Dabei wird das Einhalten der Gesetze und Gebote oft zu einem höheren Ziel als die Suche nach einer Beziehung zu Gott. Ihr stolzes Streben nach Wahrheit bringt jedoch eine Form des Gehorsams hervor, die letztlich beziehungsunfähig macht.

Wenn unser größtes Bemühen darin besteht, uns vor den Ansprüchen der Welt zu schützen, und wir uns anpassen, dann werden wir am besten mit dem Leben zurechtkommen, wenn wir alle Wünsche unseres Selbst im Keim ersticken und diese Zurückstellung des eigenen Ichs als fromme Tugend darstellen. Anpasser klingen etwa so: «Wer ich bin, ist wirklich nicht so wichtig. Es kommt nicht so sehr darauf an, ob meine Verletzungen aus der Kindheit geheilt werden, als vielmehr darauf, daß ich den Regeln folge. Wenn ich gehorsam bin, dann werden auch alle Wunden heilen. Ich muß versuchen zu glauben, was wahr ist, und mich entsprechend verhalten. Ich muß das Richtige tun, egal, wie ich mich fühle. Dann wird es mir auch gutgehen.»

Obwohl sie oft lautstark verkünden, es ginge ihnen um Gott, sind Anpasser genauso ichbezogen wie die Verwöhnten. Anpasser haben beschlossen, daß sie am besten leben können, wenn sie die Wunden des Ichs ignorieren und mit ihrer Umwelt kooperieren. Aber sie treffen diese Entscheidung, *um sich selbst vor den Angriffen einer gefühllosen Welt zu schützen.* Ihre Wahl ist darum nicht weniger selbstbezogen als die Entscheidung, sich vor allem der eigenen Entfaltung zu widmen.

Weder angepaßten noch verwöhnten Menschen liegt letztlich etwas daran, jemanden oder etwas kennenzulernen, der oder das größer ist als sie selbst. Noch hat ihr Leben ein höheres Ziel als die Selbsterhaltung. Das Diagramm auf Seite 51 will das verdeutlichen.

Wie können wir aus einem ichbezogenen Lebensmuster, ob es nun auf einem verwöhnenden oder angepaßten Ansatz basiert, ausbrechen und ein alles übersteigendes Verlangen danach entwickeln, Gott zu suchen, ihn besser kennenzulernen und uns an ihm zu erfreuen?

Paulus sagte, er erachte «alles für Schaden gegenüber der überschwenglichen Erkenntnis Christi Jesu» (Phil 3,8). Wie können wir ein solches Verlangen wachrufen, ein überschwengliches, alle niedrigeren Wünsche verzehrendes Verlangen? Was können wir tun, um eine übernatürliche Sehnsucht zu entwickeln, nicht danach, uns selbst besser zu erkennen oder mit unserer Umgebung besser zurechtzukommen, sondern eine Sehnsucht danach, daß Gott selbst sich uns noch mehr offenbaren möge?

Welt: «Wir wollen, daß du glücklich wirst.»		*Welt:* «Wir wollen, daß du ein guter Mensch wirst.»	
↓	↘	↙	↓
Ich: «Ich werde einen Weg finden, um mich gut zu fühlen.»	*Ich:* «Ich habe Angst davor, mich allem, was in mir vorgeht, ungeschützt zu stellen.»	*Ich:* «Ich hasse diesen ständigen Leistungsdruck.»	*Ich:* «Ich werde einen Weg finden, um dich zufriedenzustellen.»
↓	↓	↓	↓
Ansatz der Selbstverwöhnung: «Was hilft mir, mich wohlzufühlen?»	*Ansatz der Anpassung:* «Ich muß einen festen Rahmen finden.»	*Ansatz der Selbstverwöhnung:* «Ich muß mich selbst finden.»	*Ansatz der Anpassung:* «Was kann ich tun, um deine Zustimmung zu erringen?»
↓	↘	↙	↓
DAS EVANGELIUM DER PERSÖNLICHEN BEFRIEDIGUNG		DAS EVANGELIUM DES UNPERSÖNLICHEN GEHORSAMS	

Kapitel 4

Übernatürliche Leidenschaften

Ein echtes Verlangen nach Gott können wir nicht durch eigene Willensanstrengung hervorbringen. Es gibt keine Rezepte, um die gewünschte Leidenschaft zu erzeugen. Fastenzeiten, regelmäßiges Bibelstudium, der Wille, Versuchungen zu widerstehen, Spendenbereitschaft, überströmende Anbetung – all das sind gute Dinge, doch sie reichen nicht aus, um uns mit wirklicher, brennender Liebe zu Christus zu erfüllen.

Echte Liebe zu Gott ist ein Werk des Heiligen Geistes. Er ist es, der uns lockt und unsere Aufmerksamkeit auf Christus lenkt. Er deckt uns auf, daß die ganze Bibel eigentlich nur von Christus spricht. Er ruft uns sanft, aber bestimmt zur Ordnung, wenn wir unsere eigenen Brunnen graben und die Einladung Christi ausschlagen, zu ihm zu kommen, der das lebendige Wasser ist. Er gibt uns die Kraft, dem Fastfood, das zwar gut schmeckt, aber keinen Nährwert besitzt, abzusagen und unsere Seele statt dessen mit den ausgesuchtesten Köstlichkeiten zu laben.

Doch nicht viele kennen dieses machtvolle Wirken des Geistes Gottes. Denn obwohl Gott selbst uns zu sich zieht, sind wir doch zur Mitarbeit aufgerufen. Wir müssen den verkrusteten Boden unseres Herzens umpflügen, damit er den Samen des Geistes aufnehmen kann. Und das ist keine einfache Aufgabe.

Doch Gottes Geist kann uns nur in dem Maße mehr von Christus offenbaren, wie wir bereit sind, uns der erschreckenden Wahrheit über uns selbst und unser Leben zu stellen, einer Wahrheit, die uns entweder vernichten oder zu Gott treiben muß.

Sind wir bereit, uns selbst mit ehrlichen Augen zu betrachten, dann wird uns der Heilige Geist schrittweise und so, wie wir es ertragen können, immer mehr von Gottes Wahrheit und

Wirklichkeit zeigen. Wenn wir uns jedoch von seiner Wirklichkeit abwenden, wenn wir nicht glauben wollen, daß Gott uns bewahrt, ganz gleich wie schlimm wir dran sind, dann wird der Geist gedämpft, und er kann uns nicht mehr von Gott offenbaren.

Ein Teil unserer Aufgabe besteht also darin, uns der unangenehmen Wirklichkeit über uns selbst und unser Leben ehrlich zu stellen – einer Wirklichkeit, die uns alle Freude rauben könnte, wenn Gott uns nicht neue Hoffnung gäbe.

Der Geist wird unsere verschwommene Vorstellung von Gott klären, wenn wir ein *Bewußtsein* für uns selbst entwickeln, das uns zunächst innehalten läßt und uns dann in einen Zustand *geistlicher Wachsamkeit* versetzt, in dem wir begierig darauf warten, Gottes Stimme zu hören.

Ich will die drei Schlüsselworte dieses Satzes noch kurz erklären, bevor ich näher auf sie eingehe.

Bewußtsein: Wir erkennen in zunehmendem Maße, was sich wirklich in uns selbst wie auch in unseren Beziehungen abspielt, und sind bereit, uns diesen Erkenntnissen zu stellen, ohne uns etwas vorzumachen.

Innehalten: Wir kommen innerlich zur Ruhe, wir verlieren alle Kraft, weil wir erkennen, daß keine noch so große Anstrengung von unserer Seite uns helfen kann, ins Paradies zurückzufinden.

Wachsamkeit: Gespannt warten wir darauf, daß Gott selbst sich uns offenbart.

Bewußtsein

Der wachsende, reife Christ lebt *bewußt.* Er stellt sich dem Leben so, wie es ist, und muß sich nichts vormachen. Es ist ihm wichtiger, Christus besser kennenzulernen, als sich an seinem eigenen Wert zu erfreuen. Die Schönheit Christi zieht ihn in ihren Bann und befreit ihn davon, nach Möglichkeiten immer besserer Selbstdarstellung zu suchen. Er hält auch in jenen dunklen Tagen an der Hoffnung auf Christus fest, in denen es erträglicher scheint, sich zu betäuben, als einen weiteren Schicksalsschlag hinzunehmen.

Wir alle leben mit der *Angst,* das Leben sei eine Last und kaum auszuhalten, und wollen es doch nicht *zugeben.* Denn täten wir es, so müßten wir uns auch unsere Abhängigkeit von Gott eingestehen. Doch das Gewebe unseres Lebens ist tatsächlich so zerschlissen und zerrissen, daß es sich nicht mehr flicken läßt. Gesetzgebung, Therapie, Sozialmaßnahmen, kirchliche Programme, Selbsthilfeseminare – nichts kann seine ursprüngliche Form wiederherstellen. Wenn wir das erkennen, fühlen wir uns zunächst entmutigt und geschlagen, und dieser Zustand kann unter Umständen lange anhalten. Doch dann drängt der Geist Gottes uns ganz allmählich dazu, in die Welt zurückzugehen, mit Nadel und Faden bewaffnet, um zu reparieren, was in unserer Macht steht, bis der große Schneidermeister kommt und aus neuem Stoff einen neuen Himmel und eine neue Erde schafft.

Wir werden die Risse zwar niemals völlig stopfen können, das kann allein Gott. Aber wir haben ein größeres Ziel, als das Leben nur irgendwie auszubessern: Wir wollen Gott kennenlernen und uns auf ewig an ihm freuen.

Und je deutlicher uns gewisse Wahrheiten über die Wirklichkeit des Lebens bewußt werden, desto mehr wird uns daran liegen, Gott zu erkennen, und desto weniger wird es uns darum gehen, unsere unmittelbaren Probleme zu lösen.

Fünf Wahrheiten gehen mir auf, wenn ich Gott nachfolgen will. Es sind keine theoretischen Wahrheiten, sondern sie wollen erlebt und erfahren sein. Doch wenn wir unser Leben mit ehrlichen Augen betrachten, kann Gott sie benutzen, um uns näher zu sich zu ziehen.

1. Unser tiefstes Verlangen ist nicht zu stillen.

C.S. Lewis sagte einmal: «Wenn wir nun in uns selbst ein Bedürfnis entdecken, das durch nichts in der Welt gestillt werden kann, dann können wir daraus doch schließen, daß wir für eine andere Welt erschaffen wurden.»

Und doch stelle ich immer wieder fest, wie sehr ich an dieser Welt und ihren berechtigten Freuden hänge. Ich denke zurück an unsere Tennismatches: Mein Bruder Bill reagiert auf Dads Rückhand; ich stehe am Netz und hoffe, mich in den Ballwechsel einschalten zu können. Nach dem Match ging's nach Hause zu Mutters besonderer Eisteemischung.

Später waren wir wieder zu viert: unsere beiden Söhne Kep und Ken, meine Frau Rachael und ich. Ausflüge zum Grand Canyon, mit Rachaels Eltern nach Florida, zu einer Missionsstation in Kolumbien; gemeinsame Pizza oder Geflügelhörnchen (Rachaels Spezialität), Wimbledon am Fernsehen oder lange Diskussionen am Familientisch.

Unsere Söhne sind inzwischen erwachsen und ausgeflogen. Rachael und ich freuen uns an unserem erfüllten Leben. Unsere Gemeinschaft ist nie enger gewesen. Aber manchmal sehnen wir uns zurück in die Vergangenheit. Ihre Eltern sind beide weit in den Achtzigern. Wir haben beide durch Flugzeugabstürze einen Bruder verloren – ihrer starb vor mehr als fünfundzwanzig Jahren. Aber der Verlust schmerzt noch immer.

Das Leben hat sich verändert. Und obwohl ich mich am Heute freuen kann, beklage ich die schwindenden Jahre, familiäre Veränderungen, den Verlust unserer Brüder. Ich möchte etwas, was mir dieses Leben nicht bieten kann. Ich möchte mich unbeschwert und ohne Ende freuen können.

Und wir dürfen uns tatsächlich an all den guten Dingen, die das Leben bietet, erfreuen; denn sie sind uns von Gott gegeben, «der uns alles reichlich darbietet, es zu genießen» (1 Tim 6,17). Dennoch aber sind sie nicht mehr als bloße Appetithappen. Die richtige Mahlzeit kommt noch. Allerdings können wir in der engen Beziehung zu Christus schon jetzt eine Ahnung davon bekommen, wie köstlich diese Mahlzeit sein wird. Nichts anderes kann uns so erfreuen und unsere Seele «am Köstlichen laben» (Jes 55,2).

Warum aber versuchen die meisten Menschen, aus den Appetithappen die Hauptmahlzeit zu machen, und beschweren sich dann, nicht satt geworden zu sein? Wir meinen, alles würde gut, wenn wir die richtige Frau, den richtigen Mann heiraten, wenn wir bei der Arbeit vorwärtskommen und sie uns Spaß macht oder wenn wir so viel Geld verdienen, daß wir kaufen können, was unser Herz begehrt. Doch all das sind wirklich nur Vorspeisen. Warum nur reagieren unsere Geschmacksnerven leichter auf gute (und viele schlechte) Dinge als auf die besten? Warum müssen wir den Hunger nach Christus erst *erwerben?*

Wir alle spüren, daß uns letztlich nach mehr hungert, doch wir strengen uns mächtig an, diese Erkenntnis zu verdrängen. Wir überlagern sie mit Aktivitäten, Banalitäten und Vergnügungen, oder wir beschäftigen uns so intensiv mit den dunklen Seiten des Lebens, daß wir das Gefühl haben, wir hätten sie mehr oder weniger unter Kontrolle. Jede neue Einsicht in die furchterregende Vielschichtigkeit des Lebens, jede neue Erkenntnis darüber, wie schlecht es uns geht, nährt die trügerische Hoffnung, daß wir es eines Tages doch noch schaffen werden, über den Schmerz zu triumphieren. Aber der Hunger bleibt. Und um Gott wirklich erkennen zu können, müssen wir uns diesem Hunger stellen. Wir müssen zugeben, daß er von Gott selbst kommt und auf dieser Erde nie ganz gestillt werden kann. Auch die größten Freuden des Lebens können uns nicht zufriedenstellen; vielmehr treiben sie uns vorwärts. Solange wir nicht im Himmel mit Christus vereinigt werden, bleibt die unstillbare Sehnsucht nach *mehr* im Herzen eines jeden Menschen.

2. Das Leben anderer Menschen zeigt uns, wie wichtig es ist, Gott besser kennenzulernen.

Es gibt einige wenige geheiligte Menschen, die sich aus der Masse herausheben, nicht, weil sie mehr tun, mit mehr Talenten gesegnet sind oder weil ihre Arbeit erfolgreicher ist, sondern weil sie einfach besser sind.

Und wir fühlen uns zu ihnen hingezogen, nicht wegen ihrer moralischen Überlegenheit noch wegen ihrer größeren Liebesfähigkeit, sondern weil sie in unserem Herzen den tiefen Eindruck hinterlassen, Gott in einer Weise zu kennen, die uns verborgen ist.

Die Bibel berichtet uns von ganz gewöhnlichen Menschen – schwachen, strauchelnden, sündigen –, die den Weg fanden, der zu Gott führt, und auf ihm blieben. Hosea verkündete Gottes unverbrüchliche Treue, obwohl sein eigenes Herz durch die Untreue seiner Frau erschüttert war. Habakuk hüpfte über die Berge, obwohl er vor Angst über die bevorstehende Zerstörung seines Landes zitterte. Der Haß seiner Feinde konnte das Feuer Gottes im Herzen eines Jeremia nicht auslöschen. Und Petrus war so bewegt von der Erinnerung an den Opfertod Christi, daß er sich nicht würdig fühlte, in derselben Haltung zu sterben wie sein Herr, und seine Henker bat, ihn mit dem Kopf nach unten zu kreuzigen.

Aber wir müssen nicht bis in die biblischen Zeiten zurückgehen, um solch bemerkenswerte Persönlichkeiten zu finden. Die meisten von uns haben selbst die Bekanntschaft von Menschen gemacht, in deren Gegenwart wir uns klein und irgendwie zurückgeblieben vorkommen; Menschen, die so herzlich und vertraut von Christus sprechen, wie es nur in einer engen Freundschaft möglich ist; Menschen, die Einsamkeit und Leid erlebt haben, ohne zu jammern und zu klagen, und die den Schmerz als ein – wenn auch nicht leichtes – Vorrecht begreifen, das ihnen die Tür zu einer noch größeren Nähe zum Herrn öffnet. Bei manchen erleben wir zwar eher eine Show als geistliche Substanz; in ihrer Gegenwart bekommen wir Schuldgefühle und fühlen uns unter Druck gesetzt. Doch jene, die Gott wirklich kennen, sind für uns Ansporn, jedes erforderliche Opfer zu bringen, um auch ein solches Wissen zu erlangen.

Die meisten dieser Menschen sind bereits älter, und sie sprechen nicht gern von sich selbst. Man übersieht sie leicht; und wir neigen dazu, sie als keiner besonderen Beachtung würdig abzutun: zu alt, zu rückständig, sie wissen nichts von den psychischen Belastungen des modernen Lebens; sie sind in einer engen Theologie steckengeblieben, die dem menschlichen Geist nicht genug Raum zum Atmen gibt, zu sehr ihren eigenen Vorstellungen verhaftet, die mit dem Leben auf der Straße nichts zu tun haben.

Doch wir sollten auf diese Menschen hören, Männer und Frauen, deren Verlangen nach Gott so groß ist, daß sie von den Dingen dieser Erde Abstand gewonnen haben. Die Auseinandersetzung mit ihnen schafft in uns ein heiliges Sehnen – den verzweifelten Wunsch, Gott noch besser kennenzulernen.

3. Wir sind hoffnungslos egoistisch.

Eine dritte wichtige Wahrheit lautet, daß wir hoffnungslos egoistisch sind. Wir selbst und unser eigenes Wohlergehen kommen an erster Stelle. Und noch schlimmer: Wir erkennen unsere Selbstsucht nicht einmal.

Unsere Gesellschaft unterstützt diesen Egoismus. Sie ist davon besessen, die Schmerzen unseres unterentwickelten, begrenzten, schamerfüllten, vergewaltigten Ichs zu heilen. Und auch uns ist die Linderung unserer Schmerzen oft wichtiger als Vergebung unserer Sünden; wir staunen nicht über Gottes Güte, sondern halten sie für angemessen; sie macht uns nicht demütig, sondern wir fordern sie ein.

Ein guter Freund von mir ist mit einer sehr schwierigen Frau verheiratet. Sie ist kalt, berechnend und bösartig. Die erste Frau in seinem Leben war nicht besser. Seine Mutter war – und ist – eine Alkoholikerin von der übelsten Sorte. Er wuchs in einer Atmosphäre auf, in der seine Gefühle ständig mit Füßen getreten wurden.

Die Not meines Freundes ist unverschuldet. Auch wenn man ihm eine gewisse Verantwortung für die Wahl seiner Ehepartnerin oder den Umgang mit Mutter und Frau nicht absprechen kann, ist er dennoch Opfer. Seine Wunden wurden durch die Sünde anderer Menschen verursacht.

Ohne Frage braucht dieser Mann Ermutigung. Er muß wissen, daß die schmachvolle Behandlung, die er erduldet, kein Maßstab für seinen Wert als Person ist. Er muß es lernen, Grenzen zu setzen zwischen sich und jenen, die ihn mißbrauchen wollen, indem er sich zum Beispiel weigert, mit seiner Mutter zu reden, wenn sie ihn kritisieren und fertigmachen will.

Doch der Weg zur Freude besteht nicht darin, daß seine Wunden heilen oder er Grenzen setzt, sondern darin, daß er erkennt, wo es ihm vor allem um sein eigenes Wohlergehen geht, und daß er diese Haltung bereut. Wenn ihm die Verfolgung seiner eigenen Interessen wichtiger ist als der Entschluß, Gott kennenzulernen und anderen bekanntzumachen, dann liegt er falsch. Sein größtes Problem ist die Sünde, nicht sein Leid.

Wir müssen es lernen, uns mehr als Sünder denn als Opfer zu sehen, und uns der häßlichen Fratze unseres egoistischen Denkens stellen, die in jeder Unterhaltung durchbricht. Und je bewußter wir unseren Egoismus erkennen, desto mehr wird sich die Forderung, daß wir uns besser fühlen wollen, abschwächen und der Demut weichen. Das Bewußtsein unserer Selbstsucht läßt uns erkennen, wie sehr wir uns nach einem reinen Herzen und einem gebefreudigen Geist sehnen; und die Erkenntnis, daß Gott uns vergibt, läßt uns dankbar darüber staunen, daß da jemand ist, der uns annimmt, obwohl er auch unsere schlechtesten Seiten kennt.

Doch dann verlagert sich unser Blickwinkel von unserem Ringen um unsere Identität weg, und wir geraten immer mehr in den Bann des Einen, der selbst die Menschen, die ihn anspuckten, noch lieben konnte. Und dann, wenn unser Blick ganz auf Christus gerichtet ist, dorthin, wo er hingehört, erfahren auch all die Probleme um unsere eigene Identität ihre Zuordnung.

4. *Der Heilige Geist ist eine Person, die in unserem Leben wirken will.*

Der Heilige Geist ist weder eine unpersönliche Kraft, die wir einschalten können wie das elektrische Licht, noch eine himmlische Seifenblasendose, die aus einem einförmigen Leben ein schillerndes Fest machen kann. Er ist vielmehr eine *Person*, in jeder Beziehung so wirklich wie meine Frau und meine Kinder, allerdings eine übernatürliche Person, die mein Leben mit einer eigenartigen Nähe erfüllt, die mir nur deshalb so unheimlich erscheint, weil ich in meiner Torheit die Welt, die ich sehen kann, für wirklicher halte als die Welt, in der er lebt.

Wir schwanken jedoch meist zwischen zwei Extremen. Entweder scheuen wir vor dem Übernatürlichen zurück, oder wir erwarten, daß es sich auf Verlangen offenbart. Der Mittelweg bestünde vielleicht darin, das Wirken des Geistes mit gespannter Offenheit zu beobachten, seine Nähe zu erwarten und dem Wehen des Windes zu lauschen, ohne jedoch selbst am Baum zu rütteln, damit die Blätter sich bewegen.

Gott hat immer irgend etwas vor. Unsere Aufgabe ist es, dafür offen und empfänglich zu sein. Eins ist allerdings sicher: Wenn der Geist weht, dann kommt vieles ins Wanken. Wir spüren aber auch ganz neue Verlockungen. Alte Fundamente stürzen ein, und wir kommen in größere Höhen. Er freut sich, uns in eine andere Dimension emporzuheben, die uns ebenso unheimlich fremd wie angenehm vertraut vorkommt.

Es ist schwierig, sich einer Wirklichkeit zu öffnen, die wir nicht sehen können. Doch wenn der Geist die Tür aufschließt, wenn wir erst einmal einen Blick auf die andere Seite geworfen haben, dann können wir nicht mehr bleiben, wo wir waren.

Wenn wir mehr über seine beunruhigende Gegenwart nachdenken, sein einziges Ziel, Christus bekanntzumachen, und seine übernatürliche Kraft, die uns immer weitermachen läßt, dann erkennen wir vielleicht, wie arrogant es von uns ist, ihn entweder zu ignorieren oder rational erklären zu wollen, und es wird uns bewußt, wie sehr uns danach verlangt, daß er auch in unserem Leben sein Werk tut.

5. Leiden ist unvermeidlich.

Stolze Menschen verlangen für alles, was mißlingt, eine Erklärung. Wenn wir unsere Angst vor Nähe als Folge traumatischer Kindheitserlebnisse verstehen können, dann erscheint das Leben kontrollierbarer. Jetzt haben wir etwas, woran wir arbeiten können, damit es besser wird. Wenn wir uns über die Lage der Menschheit unsere tiefschürfenden Gedanken machen und über alles Geschehene unsere Theorien entwickeln können, dann zerstören wir das Geheimnisvolle und nähren die Illusion, daß wir, wenn wir nur genug Erkenntnisse gewinnen und uns ausreichend bemühen, angemessen für uns sorgen können und unser Leid ein Ende nehmen wird.

Manchmal hilft eine Reise in ein Land der Dritten Welt, wo der Lebensstandard der Menschen sich vom unseren unvorstellbar unterscheidet, um unsere Perspektive wieder mit der ewigen auf eine Reihe zu bringen. Es ist zwar gut, Leid zu lindern, wo immer es uns möglich ist, und persönliche Heilung und äußerliches Wohlergehen zu fördern, etwas anderes aber ist noch wichtiger.

Weder unser persönliches Leid noch der Kampf ums schiere Überleben von Millionen von Menschen kann als Ordnungsgröße gelten. *Zukünftige Hoffnung ist wertvoller als gegenwärtige Linderung.* Solange wir das nicht erkennen, sind wir noch nicht auf dem Weg zu Gott.

Innehalten

Trotz unserer engagiertesten Bemühungen ist das Leben nie gut genug. Unsere Vorstellungen werden nie ganz erfüllt. Selbst das glücklichste Leben kennt seinen Teil an Leid. Wenn uns das bewußt wird, dann geschieht etwas. Die Entschlossenheit, mit der wir unsere Ziele verfolgen, läßt nach; wir drosseln das Tempo und sind auf einmal offen für einen Richtungswechsel.

Wenn wir erkennen, daß unser Schmerz nicht geheilt werden kann, dann schreien wir voller Wut und Sorge zu Gott. «Mach uns gesund!» flehen wir. «Erlöse uns von dem Bösen!» Aber Gott reagiert nicht immer so, wie wir es uns wünschen, und schließlich sacken wir zusammen, erschöpft, kraftlos.

Reglos bleiben wir liegen. Wir haben plötzlich gar kein Interesse mehr daran, selbst für die Verbesserung unserer Lage zu arbeiten, und wir werden allmählich frei, uns ganz Gott zuzuwenden, doch nun nicht mehr, um Lösungen zu finden, sondern um Gemeinschaft mit ihm zu haben.

Wir sehen uns zu bewegungsloser Untätigkeit gezwungen; wir stehen still und bloß vor Gott. Ohne die Kraft, selbst etwas für uns zu tun, kauern wir voller Angst und Entsetzen vor einem Gott, der sich völlig unserer Kontrolle entzieht. «Seid stille», befiehlt er statt dessen, «und erkennet, daß ich Gott bin» (Ps 46,11).

Unter Schmerzen, denen selbst die Tränen sich verweigern, jener Art von Schmerzen, die nur stille Menschen kennen, spüren wir, wie sehr es uns danach verlangt, Christus zu schmecken, wie verzweifelt wir uns danach sehnen, daß Gott sich von uns finden läßt. Und mit einem wortlosen Sehnen stöhnen wir unter der Macht dieses Verlangens. Mit gesenktem Kopf liegen wir still ausgestreckt unter dem kalten Himmel, zu ängstlich, um aufzusehen. Im einen Moment hoffen wir, daß Gott uns in unserem Elend allein läßt, statt uns durch seine Gegenwart zu vernichten, im nächsten hoffen wir trotz allem, daß er sich mit einem Herzen voll erbarmender Liebe zu uns wendet. Der Augenblick geht vorüber, manchmal werden daraus Jahre. Und wir liegen still.

Mehr als einmal bin ich um zwei Uhr in der Nacht aufgestanden, weil Sorgen und Angst mich nicht schlafen ließen. Das fängt oft ganz harmlos an. Mir fällt ein, daß der Termin für die Steuererklärung abläuft oder ich den Vortrag für nächsten Mittwoch noch nicht vorbereitet habe.

Wie eine Billardkugel die anderen Kugeln in Bewegung setzt, so ruft dieser Gedanke eine Reihe anderer hervor – Anrufe, die ich zu erledigen habe, Spannungen, mit denen ich fertig werden muß, Briefe, die noch auf Beantwortung warten, schwierige Entscheidungen, vor denen ich mich nicht länger drücken sollte. Der kalte Schweiß bricht mir aus. Eine seltsam bedrohliche Furcht legt sich auf mich, die nicht nur aus den verschiedenen Aufgaben herrührt. Das Leben scheint mir eine Nummer zu groß zu sein. Ich bin seinen Anforderungen nicht gewachsen.

Ich bin wütend auf jeden, der etwas von mir will. Warum versteht mich keiner, warum läßt man mich nicht in Ruhe? Mit resigniertem Zorn gebe ich zu, daß niemand das tun wird, nicht einmal Gott. Er wird die Steuererklärung nicht für mich erledigen.

Also versuche ich mich zusammenzureißen. Ich lege mir einen Schlachtplan zurecht. Morgen werde ich alle Unterlagen und Rechnungen zusammensuchen; dann werde ich die Gliederung für den Vortrag entwerfen, nachdem ich die drei Termine wahrgenommen habe, die ich dummerweise zugesagt habe. Vielleicht kann ich sie absagen. Nein, das wäre verantwortungslos. Aber ich stehe unter Zeitdruck. Das wird man einfach verstehen müssen.

An einem Morgen vor mehreren Monaten stand ich, nachdem ich mich mit ähnlichen Gedanken herumgewälzt hatte, etwa zehn Minuten am Fußende meines Bettes, unfähig, mich zu regen. Ein Krampf im Bein zwang mich schließlich zurück ins Bett. Eine Stunde lang lag ich wach. «Gott, wo bist du? Wieso tust du nichts? Siehst du nicht, wie verzweifelt ich bin? *Wozu bist du überhaupt nütze?*»

Ich hörte keine Antwort. Vor lauter Erschöpfung schlief ich letztlich doch noch ein. Aber ich war stille geworden, und es verlangte mich von ganzem Herzen danach, Gott zu hören.

Wachsamkeit

Während wir so liegenbleiben, ohne zu überlegen, wie wir uns wieder soweit aufrappeln können, daß wir uns erheben und mit dem Leben weitermachen können, hören wir plötzlich eine neue Stimme, zunächst noch schwach, aber deutlicher und wirklicher als alles, was wir je gehört haben. Sie ruft uns auf zu beten, uns mit dem Wort Gottes zu nähren, uns vorzustellen, daß unsere wildesten Träume bald Wirklichkeit werden.

Jener Morgen vor einigen Monaten brachte mir so etwas wie eine Erweckung. Als ich aus unruhigem Schlaf erwachte, war ich noch immer wie betäubt. Ich fühlte mich kraftlos. Wie eine Marionette, die an Fäden gezogen wird, schaffte ich es, aus dem Bett zu kriechen und unter die Dusche zu stolpern.

Doch ich wußte eines: Ohne eine tiefere Offenbarung Gottes würde ich weder Kraft noch Veranlassung haben, irgend etwas zu tun. Ich war ihm ausgeliefert.

Als ich dann unter der Dusche stand, ging mir durch den Kopf, daß ja auch andere Menschen ähnliche Anfechtungen durchmachen, ja, manchmal noch weit schlimmere. Viele haben bereits durchgehalten und sind treu geblieben. Anderen steht das meiste noch bevor. Vielleicht, so dachte ich, kann ich von denen, die weiter sind als ich, Stärkung erfahren, und selbst für die anderen, die noch nicht so weit sind, zur Stärkung werden.

Ich erinnere mich, daß ich plötzlich lächeln mußte. Wenn das wahr ist, überlegte ich, dann habe ich Grund zur Freude. Und wie schon viele vor mir, begann ich zu singen, während mir das heiße Wasser über den Rücken lief. Gott hatte zu mir geredet. Die Angst hatte mich innehalten lassen und mich in einen Zustand der Wachsamkeit versetzt, in dem ich Gottes Stimme hören konnte.

So geschieht es manchmal. Und wir beginnen etwas von der Wahrheit zu *spüren,* die wir früher nur *erklären* konnten, daß Gott ein geängstetes und zerschlagenes Herz nicht verachtet. Ohne selbst zu merken, daß wir uns bewegen, auf jeden Fall ohne bewußte Anstrengung, erheben wir uns auf unsere Füße, langsam, als würden wir von einer unsichtbaren Macht unwiderstehlich angezogen, zu einer Lebensdimension, die uns seltsam bekannt vorkommt. Die Ahnung einer kurz bevorstehenden Vereinigung mit jemandem, den wir nie getroffen, nach dem wir uns aber immer gesehnt haben, läßt uns vor kaum erträglicher Vorfreude erzittern.

Für ein paar Augenblicke spüren wir etwas davon, was es heißt, Christus zu kennen, ihn zu schmecken, wie wir ein köstliches Essen genießen, uns an ihm zu freuen, wie sich die Braut in der Hochzeitsnacht an ihrem Bräutigam freut.

Unser Gebetsleben verändert sich. Nun reden wir wirklich mit jemandem, den wir im wahrsten Sinne des Wortes als Vater kennen. Wir lesen die Bibel mit neuer Freude. Plötzlich begreifen wir die Redewendung, die wir schon als Kinder gehört haben, daß sie ein Liebesbrief Gottes sei. Unser Herz brennt in uns, weil wir in jeder Geschichte, jedem Brief Christus erkennen. Wir erleben den Heiligen Geist in ganz neuer Weise, persönlich und gegenwärtig. Wir spüren die liebende, machtvolle Hand Gottes über unserem Leben und in unserem Herzen!

Dann verblaßt der Glanz. Wir schauen uns um und erkennen, daß wir noch immer nicht im Paradies sind. Das Auto bleibt liegen, und wir rufen die Leute vom Abschleppdienst. Sie kommen nach zwei Stunden und verlangen für ihre Dienste einen völlig überhöhten Preis. Ein Flugzeug stürzt ab, und wir beklagen den Tod eines Ehemanns, Vaters, Sohnes, Bruders oder Freundes. Unser Körper läßt uns spüren, daß er müde ist, jeden Tag entdecken wir ein neues Leiden. Das Heizöl ist ausgegangen. Die Stromrechnung muß gezahlt werden. Unsere Depression kommt zurück. Sexuelle Probleme, die wir überwunden glaubten, melden sich zurück.

Arbeitgeber weigern sich, unsere Leistung anzuerkennen, und unsere harte Arbeit bleibt unbelohnt. Dann putzt uns jemand herunter, und eine Woge des Selbsthasses durchflutet uns. Eine Freundin ist in eine Affäre verwickelt. Eine Tochter erzählt ihren Eltern, daß sie schwanger ist. Ein Sohn wird wegen Drogenbesitzes verhaftet.

War der Augenblick, in dem wir Gott zu erkennen meinten, Wirklichkeit? War alles Einbildung? Ist Gott wirklich da? Möchte ich ihn kennenlernen, oder will ich nur einen Ausweg finden, um mich besser zu fühlen? Kann die Freude an Christus in etwas anderem bestehen als in dem Segen wohlgeratener Kinder, guter Freunde, in Gesundheit und Geld? Reicht es, wenn ich *nur ihn* habe?

Und dann wandert unsere Aufmerksamkeit zurück zu jenem unstillbaren Verlangen, dem Vorbild frommer Menschen, unserer elenden Ichbezogenheit, der Wirklichkeit des Geistes Gottes oder dem unvermeidlichen Leid und unserer Hoffnung auf bessere Tage – und wieder halten wir inne. Der hektische Druck, alles selbst schaffen zu müssen, weicht, und wir fallen nieder, zur Ruhe gebracht angesichts der Wahrheit über unsere Seele, das Leben und die Ewigkeit: Wir wollen nur noch Gott und nichts sonst. Die Vorfreude kehrt zurück, und wir erkennen, daß die Hoffnung in uns nicht erstorben ist. Dann redet Gott. Wieder erheben sich unsere Herzen und Körper, und wir singen, tanzen und jubeln laut vor Freude.

Das Leben geht weiter. Ein neuer Tag, eine neue Enttäuschung, ein neues Vergnügen. Doch während wir weiter den Weg des Lebens gehen, hat sich etwas verändert. Unser Blick richtet sich jetzt leichter auf Christus. Und auch wir verändern uns. Manche behaupten sogar, ein gewisses Strahlen, einen neuen Duft an uns wahrzunehmen.

Dann gehen wir eines Tages aus dieser Welt in die andere hinüber. Unser Herr empfängt uns mit einer herzlichen Umarmung. Wir fallen vor ihm nieder in Staunen und Anbetung, doch sein Arm hält uns fest. Er lacht und sagt: «Sieh dich um!» Und da steht unser Bruder, der vor Jahren gestorben ist, glücklicher als wir ihn je erlebt haben, unsere Eltern, unser zu früh geborenes Baby, Dr. Lukas, Elia und Henoch. Jetzt lachen auch wir. Wir können gar nicht aufhören. Und die lieblichste Stimme der ganzen Schöpfung sagt: «Herzlich willkommen. Du bist endlich zu Hause!»

Doch bis wir dorthin gelangen, haben wir noch einen weiten Weg zurückzulegen. Unsere geistliche Reise hat gerade erst begonnen.

Teil II

Hindernisse auf dem Weg zu Gott

Kapitel 5

Was nur stimmt nicht?

In den Monaten, die dem Flugzeugabsturz unmittelbar folgten, bat ich Gott wiederholt darum, Bills Tod doch dazu zu benutzen, um mich noch mehr in den gereiften Mann zu verwandeln, der ich so gern sein möchte. Ich wollte, daß der Schmerz nicht umsonst war. Die Vorstellung, das schreckliche Geschehen könnte etwas Gutes bewirken, ließ es irgendwie erträglicher erscheinen. Der Unfall hatte mir eine neue Dimension des Leids eröffnet; nun wollte ich, daß das Leid mich zu einer neuen Dimension der Reife führte.

Vielleicht stand noch mehr hinter meiner Bitte. Es bereitet mir Mühe, in einer gewissermaßen launischen Welt zu leben. Es ist mir lieber, wenn alles seinen Sinn hat, wenn es von jemandem geordnet wird, der weiß, was er tut. Ich mag kein Chaos. Wenn der Grad meiner Reife nach Bills Tod dramatisch zunehmen würde, dann, so meinte ich, würde es mir leichter fallen, die Tragödie als – wenn auch schweren – Teil eines guten Plans zu akzeptieren. Doch egal, was die wirklichen Gründe für mein Gebet waren, eines wußte ich, während ich betete: Ich wollte einen Weg finden, der mich durch das Leid hindurch zu Gott führen konnte. Und wenn ich Gott gefunden hatte, dann wollte ich, daß er mich zu einem besseren Menschen und meine Welt etwas weniger chaotisch machte.

Aber achten wir einmal auf das Motiv meiner Suche nach Gott. Es ging mir mehr darum, ihn zu *benutzen,* um zu bekommen, was ich mir wünschte (ein besseres Ich und eine nicht so chaotische Welt), als mich an ihm zu *erfreuen.* Ich wollte mir etwas von seiner Macht nutzbar machen, statt mich ihr zu unterwerfen.

Noch immer Chaos

Wenn ich mir heute, bereits einige Zeit nach dem Flugzeugabsturz, mein Leben ansehe, dann muß ich gestehen, daß meine Bitte um Reife nicht im gewünschten Sinne erhört wurde, genausowenig wie mein Gebet um Bewahrung meiner Familie an jenem schrecklichen Tag im März. Trotz meines inständigen Flehens herrscht in mir immer noch ein einziges Durcheinander. Falls ich eine positivere Ausstrahlung gewonnen habe, so nehme ich selbst das kaum wahr. Und wenn ich meine, etwas davon zu entdecken, dann entweicht sie augenblicklich.

Immer noch bin ich viel zu leicht reizbar. Der kleinste Anlaß kann eine Wut in mir auslösen, der es geradezu Spaß macht, zu zerstören, was sich ihr in den Weg stellt. Manchmal bin ich so dünnhäutig wie ein kleines Kind. Wenn meine Frau mich wegen irgend etwas kritisiert oder nicht bereitwillig auf meine Launen eingeht, dann reagiere ich mit einer Empfindlichkeit, die ebenso wohltuend heftig wie abstoßend unreif ist. Habe ich mich verändert? Als wir vor fünfundzwanzig Jahren heirateten, habe ich mich genauso verhalten.

Noch immer brennen unheilige Wünsche in mir. Meine Triebe sind mit den Jahren nicht edler geworden. Andere Gefühle – manche gut, manche schlecht – kommen und gehen nach Belieben. Ohne ersichtlichen Grund erfaßt mich manchmal ein Gefühl der Einsamkeit, das jede Spur von Freude auslöscht und mein normales Interesse an Menschen und Dingen schwächt.

Seit Jahren erlebe ich Perioden des Selbsthasses, in denen ich mich ungeliebt und auch wenig liebenswert fühle. Ich komme mir vor wie ein vergifteter Apfel. Aus der Ferne betrachtet, wirke ich vielleicht recht verlockend. Auch wenn man mir näherkommt und mich in die Hand nimmt, sehe ich noch ganz gut aus. Doch wenn man in mich hineinbeißt, dann spürt man, wie unbekömmlich, ja tödlich ich bin. Diese vergifteten Gefühle entstellen mein ganzes Denken, rauben mir jede schöpferische Kraft und drängen mich mit einer perversen Freude in meinen Schmollwinkel.

Manchmal geht mir der Blick dafür verloren, wofür Gott mich und mein Leben gebrauchen will. Wenn das geschieht, dann erfaßt mich entweder panische Angst oder eine matte Gleichgültigkeit. Überwiegt die Angst, dann nehme ich zu viele Termine an, und das Risiko des Ausgebranntseins ist mir lieber als das Gefühl, aufs Abstellgleis geschoben zu werden. Wenn die Apathie einsetzt, dann fühle ich mich von Menschen ausgenutzt, die zwar meine Gaben wollen, denen aber an mir selbst nichts liegt.

Verändere ich mich? Zum Besseren? Oder wird es schlimmer? Hat meine leidenschaftliche Suche nach Gott mich bereits auf den Weg gebracht, der zu einer frohen Gemeinschaft mit Christus führt? Oder bin ich auf dem falschen Weg? Oder stehe ich still?

Menschen, die mich kennen, würden einwenden, ich zeichne ein übermäßig strenges Bild. Und nur zu gern stimme ich ihnen zu. Alles, was ich hier gesagt habe, ist korrekt, aber es ist nicht die ganze Wahrheit. Dankbar räume ich ein, daß ich ein großzügiger Mensch bin, oft rücksichtsvoll und zuvorkommend, manchmal sogar aufopfernd freundlich. Ich arbeite schwer. Ich sorge für meine Familie. Es ist mir ernst mit meinem Glauben. Weder schummele ich bei der Steuererklärung, noch besuche ich einschlägige Kinofilme. Ich habe anderen Menschen helfen können. Und ich weiß heute mehr über Gott als je zuvor.

Doch wenn ich mein Leben schonungslos betrachte, entdecke ich, daß trotzdem noch vieles fehlt. Ich möchte sein, was ich nicht bin; möchte fühlen, wie ich nur selten fühle, und lieben, wie ich noch nie geliebt habe. Allzuoft jedoch fühle ich mich schwach, leer, verzweifelt, einsam, geistesabwesend, zornig oder eifersüchtig. Sind diese Gefühle mit Wachstum und Reife zu vereinbaren, oder beweisen sie eher das Gegenteil?

Eines ist klar. Wenn wir den Maßstab vollkommener Menschlichkeit anlegen, wie nur Jesus Christus sie ganz verkörperte, dann haben wir alle noch einen weiten Weg vor uns, weiter als das Stück, das wir bereits zurückgelegt haben. Das

Ende aller Kämpfe und die Fähigkeit, einen anderen Menschen vollkommen zu lieben, sind Zustandsbeschreibungen für den Himmel, nicht für ein mündiges Leben hier auf Erden. Ganz gleich, wie gut ich den Herrn hier kennenlernen kann – bevor ich ihn nicht von Angesicht zu Angesicht sehe, wird mein Leben immer ein Durcheinander sein. Und Ihres auch. Gott in diesem Leben zu finden, bedeutet nicht, ein Haus in einem Land zu bauen, in dem es keine Stürme gibt; es heißt vielmehr, ein Haus zu bauen, das kein Sturm zum Einsturz bringen kann.

Baue ich dieses Haus? Bauen Sie es? Suchen wir Gott inmitten unserer Probleme? Wissen wir, was es heißt, tief genug zu graben, um etwas anderes zu entdecken als noch mehr Probleme – nämlich den Einen, der größer ist als wir selbst? Sind wir schon auf den Felsen gestoßen?

Oberflächliche Bekanntschaft mit Gott

Inzwischen sind fast zwei Jahre vergangen, seit ich betete: «Herr, ich weiß, daß du alles bist, was ich habe. Aber ich kenne dich noch nicht so gut, daß ich auch sagen könnte, du bist alles, was ich brauche. Bitte, laß dich finden.» In dieser Zeit ist es mir immer deutlicher geworden, daß weder geistliche Disziplin noch intensive Selbsterforschung mich dorthin bringen können, wo ich hingelangen möchte. Die Sünde bekennen, mich mit alten Freunden aussöhnen, regelmäßig die Bibel lesen, all das ist nötig und gut. Doch je mehr ich mit dem Leben ringe, wie es wirklich ist, desto klarer erkenne ich auch, daß alle geistlichen Bemühungen doch bestenfalls nur zu einer oberflächlichen Bekanntschaft mit Gott führen.

Meine Versuche, meine Motive noch gründlicher zu durchleuchten oder meine Vergangenheit zu durchwühlen, um Zusammenhänge zwischen traumatischen Kindheitserlebnissen und aktuellen Kämpfen hervorzuzerren, bringen eher neue Enttäuschung als Hoffnung hervor. Vielleicht lerne ich dadurch mehr über *mich selbst*. Aber ich möchte Gott kennenlernen. Die ungezählten Stunden, in denen ich Hunderte von Menschen therapiert habe, haben mir gezeigt, daß das Streben nach vermehrter Selbsterkenntnis nur selten zu einer tieferen Erkenntnis Gottes führt. Wer sich selbst besser kennenlernen will, um Gott zu finden – und nichts weiter unternimmt –, der ist wie der Mensch, der unablässig die Röntgenaufnahme mit seinen Lungenflecken betrachtet, ohne sich je einer Operation zu unterziehen.

Weder geistliche Übungen noch Selbsterkenntnis weisen mir zuverlässig den Weg. Erstere fördern nur allzuoft ein selbstgerechtes Pharisäertum; letztere einen modernen Liberalismus, der nichts kennt außer der Selbstverwirklichung. Was aber soll ich tun? Bald bin ich ein halbes Jahrhundert alt, und immer noch bin ich geplagt von einer Vielzahl von Problemen. Wichtige Bereiche meines Lebens, sowohl in meinem Inneren wie in meiner Umgebung, bleiben mir ein Geheimnis. Ich verliere das Vertrauen in meine Fähigkeit, auch in den tiefen Gewässern von Beziehungen und Verantwortlichkeiten den rechten Kurs zu steuern, und dennoch sehne ich mich mehr als je zuvor danach, den sicheren Hafen anzulaufen.

Das Böse in uns

Je mehr ich mir vornehme, Gott inmitten aller Kämpfe meines Lebens zu suchen, desto deutlicher wird mir bewußt, daß mit mir selbst irgend etwas nicht in Ordnung ist, daß etwas Böses in mir sitzt, das überwunden werden muß, das aber so stark ist, daß es immer wieder mich überwindet. Und darum muß es geschwächt und letztlich vernichtet werden. Solange dieses finstere Problem in mir ungehindert fortbesteht, solange werde ich Gott nicht finden.

Doch das Problem ist hartnäckig. Es scheint ein sehr gut organisiertes, unverwüstliches Eigenleben zu führen. Ich möchte es darum als *Struktur* bezeichnen, eine Struktur, die in mir herrscht, die mein Denken über Gott, über mich selbst und über andere pervertiert und sich der Wahrheit widersetzt.

Wir wollen uns diese *gefallene Struktur* wie ein Gebäude vorstellen, über dessen Fundament sich fünf «Etagen» oder Ebenen erheben, die jeweils aufeinander aufbauen.

Die pyramidenförmige Struktur der Abbildung auf Seite 75 versucht diesen Gedanken darzustellen. Das Fundament, die Grundlage, die ich in Kapitel 7 erkläre, lautet: «Ich zweifle an Gott.» Die Stockwerke, die sich darauf aufbauen, heißen: «Ich brauche dich», «Ich hasse dich», «Ich hasse mich», «Aber ich werde überleben» und schließlich: «So werde ich es schaffen!» Alle nichtmedizinischen Probleme, mit denen Patienten in die Praxis kommen, Lebensprobleme, die letztlich jeder Mensch in unterschiedlichem Ausmaß durchmacht, entspringen dieser festverwurzelten Struktur.

Unsere Neigung zur Sünde fußt auf dem Verdacht, daß Gott doch nicht so gut ist. Zweifel an Gottes Güte sind das Fundament unserer gefallenen Struktur. Wenn wir auch an Gottes Allmacht glauben, so sind wir doch nicht überzeugt, daß er wirklich gut ist; denn wenn er unser Leiden doch ändern *könnte,* warum tut er es nicht? Gottes Schweigen in schweren Zeiten bestärkt unsere grundsätzlichen Zweifel an seiner Güte.

DIE GEFALLENE STRUKTUR
IN DER MENSCHLICHEN PERSÖNLICHKEIT

PROBLEMFELDER

Kapitel 6

Wenn Gott sich nicht finden läßt

Nichts nehmen wir so gern als selbstverständlich hin wie einen unangefochtenen Glauben. Solange alles nach unseren Vorstellungen läuft, solange scheint auch unser Vertrauen zu Gott stark und unerschütterlich. Geistlich gesehen ist bei uns, so meinen wir, alles in Ordnung.

Doch was geschieht, wenn unser Glaube ernsthaft auf die Probe gestellt wird? Was geschieht, wenn alles um uns ins Wanken gerät? Wenn in einer wichtigen Beziehung schier unlösbare Spannungen auftauchen? Wenn gesundheitliche oder berufliche Probleme uns ganz auf Gott zurückwerfen – und er sich verbirgt?

Selbstmord am Heiligen Abend

Gerade als ich diesen letzten Abschnitt schrieb, läutete das Telefon. Ich legte den Stift nieder, um abzunehmen, und hörte dann einem befreundeten Pfarrer zu, der mir berichtete, der vierundzwanzigjährige Sohn eines Freundes habe in der vergangenen Woche Selbstmord begangen – am Heiligabend.

Noch während ich den Hörer auf die Gabel zurücklegte, kamen die Fragen, ungebeten und unerwartet. Sie sprudelten hervor wie ein Sturzbach, rissen mich mit in unerforschte Bereiche meines Denkens und erfüllten mich mit einem seltsamen, häßlichen Zorn.

«Gott, hättest du es den frommen Eltern dieses jungen Mannes nicht irgendwie zeigen können, daß da etwas furchtbar schief lief? Hättest du ihnen nicht Weisheit geben können, damit sie der betrübten Seele ihres Sohnes Hoffnung bringen konnten? Ihr Schmerz muß ja unvorstellbar sein! Kümmert dich das nicht?

Hätte nicht irgend jemand irgend etwas tun können – vielleicht vor zwei Wochen, vielleicht vor zehn Jahren –, was ihm helfen konnte? Warum hast du niemanden veranlaßt, sich ihm zuzuwenden? Gott, was ist los mit dir?»

Schon während ich diese Fragen stellte, wußte ich, daß ich keine Antwort erhalten würde. Niemand kennt die Antwort – außer Gott. Und er schweigt. Zumindest gibt er mir nicht die Antwort, die ich gern hören möchte. Manche sagen, er wolle uns gerade inmitten von Leid und Schmerz seine Gegenwart reicher erfahren lassen; und das tut er wohl auch – aber nicht immer. Manchmal läßt er es zu, daß wir leiden und keinen anderen Trost haben als den, den er in seinem Wort bereits gegeben hat. Ältere Christen erzählen auch davon, daß sie früher viel häufiger echte Gebetserhörungen erlebten. Aber ich verlange noch immer nach Antworten – manchmal mehr als nach Gott.

Die Waisen und Witwen

Mein Großvater väterlicherseits zum Beispiel starb im Alter von dreißig Jahren, und meine Großmutter mußte ihre vier Kinder allein aufziehen. Einmal drückte sie meinem Vater ein Fünfcentstück in die Hand, um Brot zu kaufen, und sagte: «Denk daran, Lawrence, dies ist unser allerletztes Geld. Verlier es nicht.»

Und doch setzte sie ihr ganzes Vertrauen auf den Herrn, der in seinem Wort versprochen hatte, den Waisen und Witwen Recht zu verschaffen (5 Mo 10,18). Ist das die Art, wie er sein Versprechen hält? Daß eine vaterlose Familie am Rande des Existenzminimums leben und Angst haben muß, die letzten fünf Cent zu verlieren?

Die vier vaterlosen Kinder zahlten, jedes auf seine Weise, einen hohen Preis. Weil mein Vater schon früh mithelfen mußte, die Familie zu versorgen, hatte er nie Gelegenheit, eine höhere Schule oder Universität zu besuchen und seinen wachen Verstand weiterzubilden. Statt dessen verkaufte er später, als er seine eigene Familie zu ernähren hatte, tagsüber Maschinen, und erst in der Nacht verschlang er Poesie, Literatur und die Heilige Schrift. Ist das Gottes Art, den Waisen Recht zu schaffen, daß er einem Mann alle Wege, persönliche Erfüllung zu finden, verbaut?

In ihren letzten Lebensjahren verlor meine verwitwete Großmutter ihr Augenlicht. Nachdem sie ihr Leben lang mit Armut und Einsamkeit hatte kämpfen müssen und ihr Glaube nie ins Wanken kam, verbrachte sie ihre letzten Tage buchstäblich in der Finsternis. Ist das ein weiteres Beispiel dafür, wie Gott «den Witwen Recht schafft»?

Zum Rasendwerden

Seit ich erwachsen bin, bemühe ich mich darum, die Menschen und das Leben zu verstehen. Ich wollte wissen, wie Gott sich uns mitteilt und wie er in unserem Leben wirkt. Und ich habe viel gelernt. Doch manche Dinge liegen weit, weit außerhalb der Reichweite unseres rein menschlichen Begriffsvermögens. Gläubige Eltern verlieren ihre Kinder an die Drogen, den Materialismus oder durch Selbstmord. Gesunde Familien werden oft durch unüberwindliche Spannungen auseinandergerissen. Und mancher starke, gefestigte Christ entstammt einem furchtbaren Elternhaus.

Das Leben ist zum Rasendwerden; ständig widersetzt es sich aufs Hartnäckigste all unseren Bemühungen, es in ein geradliniges Diagramm zu zwingen, aus dem sich Ursache und Wirkung genau ablesen lassen. Als Schulkind erhielt ich manchmal gerade dann eine gute Note, wenn ich am Abend vor der Prüfung irgend etwas angestellt hatte. Und manchmal war ich eine ganze Woche lang artig und anständig und schnitt trotzdem schlechter ab. Ich habe es damals nicht begriffen, und es leuchtet mir auch heute noch nicht ein.

Wenn ich es mir erlaube, einmal intensiver darüber nachzudenken, dann erkenne ich, daß ich nichts tun kann, um zu garantieren, daß keiner der Menschen, die ich liebhabe, sich je das Leben nimmt. Zwar kann ich einiges tun, um die Wahrscheinlichkeit etwas zu vermindern. Aber in den wirklich wichtigen Fragen des Lebens dem Zufall ausgeliefert zu sein, ist kein besonders tröstlicher Gedanke.

Wenn die Menschen die Erweise von Gottes Güte im Alltag und die Beweise göttlicher Gleichgültigkeit gegeneinander aufzuwiegen und aufgrund der Position der Waagschalen zu bestimmen hätten, in welchem Maß sie Gott vertrauen wollten, dann würden nur sehr wenige frohe, überzeugte und engagierte Christen herumlaufen. Wenn ich nur nach dem zu urteilen habe, was in der Welt um mich herum geschieht, dann kann ich weder im Blick auf mein eigenes noch im Blick auf das Leben dieser leidgeprüften Familie, die am Heiligen Abend ihren Sohn verlor, noch im Blick auf meine Großmutter, die ihre vier Kinder unter schwierigsten Bedingungen allein aufziehen mußte, die Zuversicht nähren, daß Gott hilfreich am Werk ist.

Unnötiger Pessimismus?

Vielleicht zeichne ich ein zu schwarzes Bild. Meine Großmutter ist schließlich auch in jenen schweren Jahren zurechtgekommen. Mein Vater kann die Früchte seiner Liebe, seiner harten Arbeit und seines guten Willens an seinen beiden Söhnen sehen. Und vielleicht kann Gott auch aus dem tragischen Tod des Vierundzwanzigjährigen etwas Gutes werden lassen.

Aber dieses Denken funktioniert nicht immer. Es gibt Tragödien – und ich habe einige miterlebt –, aus denen nichts Gutes erwächst. Soweit wir es beurteilen können, sind sie sinnlos, zufällig und ohne irgendwelchen erklärbaren Nutzen. Ich habe mitangesehen, wie der Vater einer Frau starb – eine Woche, bevor sie nach Hause zurückkehren wollte, um sich mit ihm auszusöhnen. Ich habe mitangesehen, wie eine unverheiratete Tochter ihrem Vater am selben Tag, an dem sein Sohn wegen Diebstahls verhaftet wurde, erklärte, sie sei schwanger. Ich habe mitangesehen, wie eine gläubige Frau, nachdem sie lange Jahre einer unbefriedigenden Ehe geduldig ertragen hatte, sich eine seltene Krankheit zuzog. Ich habe mitangesehen, wie das

Unglück über eine glückliche junge Familie hereinbrach, weil der Vater beim Zurücksetzen des Wagens aus Versehen seinen dreijährigen Sohn überfuhr. In keinem dieser Fälle hat Gott deutlich werden lassen, welchen Sinn diese Tragödie haben sollte.

Wenn wir uns dem unerforschlichen Wesen Gottes gegenübersehen, wenn wir auch nicht das kleinste Anzeichen seiner Gegenwart und Nähe verspüren, dann entscheiden wir uns meist für eine der zwei folgenden Möglichkeiten.

1. Traumwelten

Wenn Gott sich verbirgt, dann können wir uns in eine *Traumwelt* zurückziehen.

Leugne alle Kämpfe und Schmerzen. Verdränge die unbeantworteten Fragen. Sag dir immer wieder, daß ja alles in Ordnung ist, daß du Jesus liebhast, daß du auch deinen Nächsten einigermaßen liebst und daß dein Glaube an Christus dich mit frischen Strömen lebendigen Wassers versorgt. Hör nicht hin, wenn Prediger offen von eigenen Schwierigkeiten reden. Schließ dich einer Gemeinde an, in welcher der Pfarrer, wenn er überhaupt von persönlichen Dingen berichtet, entweder Probleme schildert, die schon lange zurückliegen und die er inzwischen überwunden hat, oder kleine Unarten, die eher auf liebenswürdige Art zeigen, daß auch er ein fehlerhafter Mensch ist, als daß sie etwas über seinen fortgesetzten Kampf mit der Sünde verraten. Achte darauf, daß es sein Hauptanliegen ist, Gottes Wort so zu predigen, daß unter den Gläubigen die reine Lehre aufrechterhalten wird, nicht aber, daß offene Beziehungen oder womöglich leidenschaftliche Gefühle gefördert werden. Und vor allem, meide die Gesellschaft hungriger, fragender Menschen, die sich auf ihrer Suche nach mehr nicht mit Standardantworten zufriedengeben, wie die Pest.

Nachdem ich einmal zu diesem Thema gesprochen hatte, kam Eric auf mich zu. Er war offensichtlich verärgert. «Ich sehe wirklich nicht ein, warum ich in meinem Leben herumwühlen soll, um irgendwelche Verletzungen hervorzukramen», begann er. «Gott sagt mir, ich solle vergessen, was hinter mir liegt, und nach vorn sehen. Wenn ich Probleme habe, dann nehme ich die Bibel und versuche herauszufinden, was sie dazu zu sagen hat. Und dann liegt es an mir, gehorsam zu sein. Wenn ich tue, was Gott mir sagt, dann segnet er mich auch; wenn nicht, dann muß er mich züchtigen. Warum machen Sie alles so kompliziert mit Ihrem Gerede über Beziehungen und Sehnsüchte und Motive? Sie bringen die Psychologie in die Kirche wie ein trojanisches Pferd. Halten Sie sich an die Bibel. Es ist doch alles ganz einfach. Tun Sie, was Gott sagt.»

Wie so viele Menschen, versuchte Eric den harten Tatsachen des Lebens auszuweichen, indem er behauptete, der christliche Glaube biete ein Patentrezept für ein erfolgreiches Leben. Eltern, die Gott gehorchen, haben wohlgeratene Kinder. Eltern, die nicht gehorchen, werden auch mit den Kindern Probleme bekommen. So einfach ist das!

Doch weil der Gehorsam für Eric ein Mittel zum Zweck ist, nämlich Problemen auszuweichen, lebt er in einer Traumwelt.

2. Psychozug und Kuschelchristentum

Eine zweite Möglichkeit besteht darin, *auf den Psychozug aufzuspringen*. Erkenne, daß die Religion deiner Gesundheit schadet. Lerne es, jede Form von Selbstverleugnung und Verdrängung mehr zu hassen als irgend etwas anderes. Sieh darin die eine, unverzeihliche Sünde. Verlange nach Antworten. Versuche alles zu hinterfragen. Dulde keine Geheimnisse. Setz dich mit all deinen inneren Verletzungen auseinander, und entwickle eine Theologie, die Schuldgefühle und Selbsthaß als die Probleme entlarvt, die Gott mehr als alles andere bedrücken.

Betrachte es als oberste Priorität, zu einer gesunden Persönlichkeit zu werden. Strebe unermüdlich nach einem glücklichen Leben, nach umfassender Ganzheitlichkeit, nach einer von Schuldgefühlen befreiten Identität. Verstecke das häßliche Gesicht deines egoistischen Strebens und erkläre, daß es dir um geistliches Wachstum geht und darum, Christus ähnlicher zu werden. Laß nichts unversucht, um Abhängigkeiten, mangelndes Selbstbewußtsein oder kodependente Beziehungsmuster zu überwinden. Denk daran, es geht um *dich* – und Gott ist dazu da, dir immer wieder zu sagen, wie wertvoll du bist, und dir bei der Lösung all jener Probleme zu helfen, die sich dir auf dem Weg zu einem erfüllten Leben entgegenstellen.

Laß dich nicht von dem Verdacht aus der Ruhe bringen, manche Probleme könnten in diesem Leben nicht gelöst werden und sollten es vielleicht auch gar nicht, und du könnest zum Anhänger eines Kuschelchristentums geworden sein. Wehre dich gegen die Vorstellung, Gott wolle dir auf einer tieferen Ebene begegnen und dir Einsicht und Kraft geben, Gutes zu tun, auch wenn du dich gar nicht danach fühlst. Laß dich nicht auf später vertrösten. Du willst *jetzt* Befriedigung erfahren!

Hör auch nicht auf jene, die dir von dunklen Geheimnissen erzählen, die von keinem erkennbaren Plan erhellt werden, wo die Angst deiner Seele nicht durch Gehorsam gelindert, sondern nur durch Vertrauen überwunden werden kann.

Kurz nachdem Eric mit mir gesprochen hatte, kam Lisa, eine andere Zuhörerin, auf mich zu. «Vieles, was Sie sagen, ist wirklich sehr hilfreich. Aber ich möchte Ihnen gern erzählen, wie ich das für mich weiterentwickelt habe», sagte sie eifrig, und wir verabredeten uns für den nächsten Tag.

Als wir uns trafen, begann sie: «Larry, ich schätze Ihre Arbeit sehr; aber manchmal erscheinen Sie mir so sehr negativ. Ich habe kürzlich einen Pfarrer kennengelernt, der die Gebetsheilung praktiziert. Das war für mich wie eine Offenbarung. Er ist mit mir zum Kreuz gegangen, bis Gottes Liebe sich über mich ergoß wie ein Eimer warmen Wassers. Alle Schmerzen schmolzen förmlich dahin. Ich bin in meinem Leben noch nie so glücklich gewesen. Ist Gott nicht wunderbar?»

Da ich den Eindruck hatte, es ginge ihr vor allem darum, ein Mittel zu finden, das glückliche Gefühle erzeugt, fragte ich sie: «Können Sie sich vorstellen, daß Gott Sie in tiefes Leid führt, weil er möchte, daß Sie es – aus gutem Grund – ertragen, und es deshalb unter Umständen nicht von Ihnen nimmt?»

«Wenn die Schmerzen, die ich durchgemacht habe, zurückkommen», entgegnete sie, «dann werde ich noch mehr Seelsorge und heilendes Gebet suchen. Ich glaube, Gott möchte, daß ich glücklich bin und mich darüber freue, sein Kind zu sein.»

Menschen, denen Befreiung von Schmerzen wichtiger ist als lernbereite Liebe, springen gern auf den Seelsorgezug auf, der ihnen eher eine Lösung ihrer Probleme als einen Weg zu Gott verheißt.

Ein dritter Weg

Die beiden geschilderten Möglichkeiten sind in unserer Kultur weit verbreitet. Die erste, vor allem in fundamentalistischen Kreisen üblich, erdrückt die Seele unter dem Gewicht theoretischer Wahrheiten und stolzen Gehorsams. Die zweite, vor allem unter Anhängern der Gemeindeerneuerung beliebt, schafft eine Illusion, die dem tödlichen Virus der Selbstsucht zu neuem Respekt verhilft, indem sie ihm einen neuen Namen gibt. Keine jedoch geht darauf ein, daß wir *gefallene* Geschöpfe sind. Der erste Ansatz scheint zu sagen, daß wir uns, auch wenn wir gefallen sind, durch einen reinen Willensentscheid wieder aufrappeln können. Der zweite läßt unsere Hilflosigkeit als moralisch entschuldbar erscheinen und hält Gottes Hilfe für wichtiger als seine Gnade.

Doch es gibt einen dritten Weg – einen Ansatz, der es uns ermöglicht, tief in den Sumpf unseres menschlichen Herzens hinabzutauchen, verborgene Schätze zu finden und fröhlich wieder nach oben zu kommen. Dieser dritte Weg setzt sich mit einer Wirklichkeit auseinander, welche die anderen beiden entweder verniedlichen oder verdrängen. Er verlangt, daß wir uns der gefallenen Struktur in all ihrer häßlichen, hartnäckigen, bösen Macht stellen und bereit sind, sie einzureißen, auch wenn der Prozeß schmerzhaft sein wird.

Kapitel 7

Die Grundlage der gefallenen Struktur: Zweifel an Gott

Die gefallene Struktur des Menschen beschreiben heißt, ein Porträt der gefallenen Seele zeichnen. Irgend etwas in meinem Inneren ist nicht in Ordnung. Jeder Mensch weist einen ganz grundlegenden Makel auf, für den die Bibel verschiedene Bezeichnungen kennt, darunter «der Leib der Sünde» (Rö 6,6), «Begierden des Fleisches» (Gal 5,16) und «Gesetz der Sünde» (Rö 7,23). Obwohl zwischen diesen Begriffen gewisse Unterscheidungen gemacht werden können, weisen sie doch alle auf das eine grundlegende Hindernis in unserer Beziehung zu Gott hin.

Wenn wir Gott so suchen wollen, wie er gesucht werden möchte, wenn wir ihn in einer Weise kennenlernen wollen, die uns zu einem frohen, sinnvollen, beherrschten Leben befreit, dann darf es uns nicht in erster Linie darum gehen, unsere Probleme zu lösen. Vielmehr müssen wir mit Gott gemeinsam daran arbeiten, die gefallene Struktur einzureißen und abzutragen.

Die Versuchung

Die Bibel berichtet, wie die listige Schlange Eva versuchte, indem sie ihr zunächst etwas vormachte. Sie forderte Eva auf, Gottes Beweggründe zu hinterfragen. «Ja, sollte Gott gesagt haben: Ihr sollt nicht essen von allen Bäumen im Garten?» (1 Mo 3,1).

Unterschwellig hieß das: «Das kann ich ja kaum glauben! Hat Gott das wirklich gesagt? Das ist ja, wie wenn eine Mutter ihrem Kind verbietet, mit dem schönsten Spielzeug zu spielen.»

Die Täuschung funktionierte. Tatsächlich begann Eva sich zu fragen, ob Gott ihr etwas vorenthielt. Sie erwiderte: «Wir essen von den Früchten der Bäume im Garten; aber von den Früchten des Baumes mitten im Garten hat Gott gesagt: Esset nicht davon, rühret sie auch nicht an, daß ihr nicht sterbet!» (1 Mo 3,2.3).

Eva ließ sich in dreierlei Hinsicht verführen. Zunächst hatte Gott Adam und Eva gesagt, sie dürften von «allen Bäumen im Garten» essen, außer von einem. Eva sagte: «Wir essen von den Früchten der Bäume im Garten.» Sie besaß nicht die Freiheit, sich an dem zu freuen, was Gott ihr gegeben hatte.

Zweitens stand in der Mitte des Gartens, vielleicht neben dem verbotenen Baum, der *Baum des Lebens* (1 Mo 2,9). Eva sah nur den verbotenen Baum. Sie verlor den Blick dafür, daß Gott für seine Kinder das Leben will, keine Verbote.

Drittens fügte sie Gottes Bestimmungen eine weitere hinzu, indem sie entgegnete, Gott verlange von ihr, den Baum nicht einmal anzurühren. Wenn die Betonung mehr auf die Regeln gelegt wird als auf die Freiheit, dann beginnen die Gebote sich zu vermehren. Sie werden immer zahlreicher, bis wir ein so komplexes Regelwerk entwickelt haben, daß wir uns gar nicht mehr über die Beziehung zum eigentlichen Gesetzgeber freuen können. Der Buchstabe des Gesetzes tötet den Geist (2 Kor 3,6).

Die Schlange machte sich Evas Irrtum schnell zunutze. «Ihr werdet keineswegs des Todes sterben», sagte sie, «sondern Gott weiß: an dem Tage, da ihr davon esset, werden eure Augen aufgetan, und ihr werdet sein wie Gott und wissen, was gut und böse ist» (1 Mo 3,4.5).

Die Täuschung war perfekt, und sie gebar die Sünde. «Und das Weib sah, daß von dem Baum gut zu essen wäre und daß er eine Lust für die Augen wäre und verlockend, weil er klug machte. Und sie nahm von der Frucht und aß» (1 Mo 3,6). Gott, so meinte sie, wollte ihr etwas vorenthalten. Da war etwas Gutes, das er ihr nicht gönnte. Sie konnte zwar nicht leugnen, daß Gott ihr vieles Gute gegeben hatte, aber die Schlange redete ihr ein, Gott würde ihr etwas noch Besseres vorenthalten. Also versuchte sie es sich selbst zu beschaffen. Ihr Akt des Ungehorsams entsprang ihrem Zweifel an Gottes Güte.

Als Eva von der Schlange versucht wurde, ließ sie sich gründlich verführen (2 Kor 11,3; 1 Tim 2,14). Adam, so wird uns berichtet, wurde nicht verführt. Er wußte, daß Gott ihm keine reichere Lebenserfahrung vorenthalten wollte. Doch als seine Frau Gottes Gebot brach, da konnte er sich nicht vorstellen, daß Gottes Güte, *so, wie er sie bis zu jenem Augenblick kannte,* ausreichen würde, um das Durcheinander, das Eva angerichtet hatte, zu einem guten Ende zu bringen. Er hatte noch keine Erfahrungen mit Gottes Vergebungsbereitschaft machen können. Bis dahin war noch keine Vergebung nötig gewesen. Doch statt darauf zu vertrauen, daß Gott seine große Güte offenbaren würde, versuchte Adam das Problem dadurch zu lösen, daß er sich der Sünde seiner Frau anschloß. Eva bezweifelte, daß Gott gut war. Adam zweifelte daran, daß Gott gut genug war. Er hielt Gott nicht für *gut genug*, um die Sünde mit seiner Gnade zu überwinden.

Anders ausgedrückt: Unsere Zweifel an Gott begannen, als Eva zu glauben beschloß, Gott würde ihr etwas Gutes vorenthalten, und darum die nötigen Schritte unternahm, um für ihr eigenes Wohlergehen zu sorgen. Als Adam seiner Frau nachgab, um sie nicht zu verlieren, statt darauf zu vertrauen, daß Gott schon mit dem Problem seiner sündhaften Frau zurechtkommen würde, da nistete sich die gefallene Struktur im menschlichen Herzen ein. Seitdem ist jeder Mensch ein geborener Zweifler. Und seitdem wird der Zweifel wie ein Virus an jeden Menschen weitervererbt, bis auf einen.

Gott finden heißt, trotz Armut, verpaßter Gelegenheiten und Flugzeugabstürzen in seiner Güte zu ruhen. Wir sind dazu aufgerufen, uns über dieses Vertrauen zu freuen und etwas davon widerzuspiegeln, ganz egal, was passiert. Doch diesem Ruf treu zu bleiben, fällt uns nicht leicht. Wir alle sind von Geburt an von einer tödlichen Krankheit gezeichnet. Paulus bezeichnete sie als «Gesetz der Sünde, das in meinen Gliedern ist» (Rö 7,23).

Dieses Gesetz, so meine ich, ist die entschlossene Überzeugung zu glauben, Gott sei nicht gut oder zumindest nicht «gut genug».

Geborene Zweifler

Vom Augenblick unserer Geburt an sind wir Zweifler. Der erste Laut, den wir von uns geben, ist ein Schreckensschrei: «Was ist das für eine Welt, in die ich da hineinkomme? Werde ich bekommen, was ich brauche? Kann ich wirklich sicher sein, daß mich jemand füttert, bekleidet und sich um mich kümmert? Kann ich wirklich ruhig sein?»

Schon das Kleinkind traut seiner Welt nicht zu, auf all seine Bedürfnisse mit der nötigen Sensibilität zu reagieren. Es braucht *Beweise* – einen vollen Magen, trockene Windeln, ein warmes Bett, liebevolle Zuwendung. Dann, erst dann wird es vertrauen.

Da es von Natur aus nicht fähig ist, anzunehmen, daß die oberste Autorität in dieser Welt gütig ist, lernt jedes Kind, vom Augenblick seiner Geburt an, Angst und Schrecken kennen. Und spätere Erfahrungen mit dem Leben lassen dieses Entsetzen nur stärker werden. Vielleicht lebt es in einem Kriegsgebiet oder in Armut. Vielleicht wird es vernachlässigt oder mißbraucht. Doch auch ohne besonders traumatische Erlebnisse überwiegt die Furcht. Das Leben selbst ist traumatisch, nichts ist vorhersehbar, und diese Erfahrung nährt die Angst.

Was als Zweifel begann, geht schnell in die Angst über, sich in einer unzuverlässigen Welt in totaler Abhängigkeit zu befinden. Dann schlägt die Angst, und zwar genauso schnell, in Wut um. «Ist es falsch, wenn ich mir etwas wünsche, was mir anscheinend niemand geben kann? Ich kann doch nichts dafür, wenn ich eine Art von Liebe brauche, die es gar nicht gibt. Jemand anders hat das so beschlossen, und jetzt verweigert er sie mir. Daß ich diesem Schmerz nicht entrinnen kann, macht mich wütend.»

Auf wen? Auf den, der für das Leben verantwortlich ist. Auf

den, der mich auffordert, Vertrauen zu haben, der aber nichts dazu tut, um es auch zu verdienen, indem er unverzüglich all meine Bedürfnisse erfüllt. Auf den, der sich selbst als unwiderstehlich mächtig und unaufhaltsam gut darstellt, es aber nicht einmal schafft, uns vor grausamer Mißhandlung zu schützen. Die Wut des Kindes richtet sich gegen Vater und Mutter – und letztlich gegen Gott.

Dem von der Sünde verdorbenen Verstand erscheint es logisch, auf Gott wütend zu sein. Ohne das Eingreifen des Heiligen Geistes lernen wir alle, so zu argumentieren: «Wenn du so gut bist, wieso hast du es dann zugelassen, daß dieser Mann mich berührte, daß Mutter krank wurde, daß meine verkrüppelten Beine keine Kraft haben?»

Das erste Element unserer gefallenen Struktur sind unsere *Zweifel* an Gottes Güte. Sie rufen in uns die *Angst* hervor, wir seien alleingelassen in einer unzuverlässigen Welt. Und dieses Entsetzen schließlich führt zu einer *Wut* auf Gott, der so wenig tut, um uns vor dem Leid zu bewahren. Wenn wir uns dann hilfesuchend an Gott wenden, wird es nur noch schlimmer, denn er sagt uns, es sei nicht recht, ihn nicht schon zu lieben und unserem Nächsten Gutes zu tun. Für viele ist das der Tropfen, der das Faß zum Überlaufen bringt (Rö 7,5).

Kräftemessen mit Gott

Doch weder meine Angst noch meine Wut halten mich davon ab, Fragen zu stellen. Im Gegenteil, sie scheinen mich geradezu anzustacheln, noch mehr zu fragen. Ich weiß, daß Gott sich von meiner Frechheit nicht beeindrucken läßt und ich keine Antwort erhalten werde. Aber dennoch frage ich. Irgend etwas in mir *will* Fragen stellen, ob sie nun beantwortet werden oder nicht. Wenn ich meine Verwirrung in Worte fassen kann, dann ruft das in mir ein befriedigendes Machtgefühl hervor, das mir hilft, den unerklärlichen Wahnsinn dieses Lebens besser auszuhalten.

Allzuoft jedoch entspringt mein Fragen weniger der Wißbegier eines Menschen, der ernsthaft nach Aufklärung sucht, als vielmehr dem beleidigten Anklagen eines Menschen, der sich verraten wähnt. So lächerlich es auch klingen mag, mir scheint, ich möchte mit Gott streiten. Ein perverser Drang beherrscht mich, *meine Kräfte mit Gott zu messen!* Die Aussichten auf einen Sieg sind zwar gering, aber die Auseinandersetzuung selbst hat etwas fast teuflisch Faszinierendes. Und auch wenn ich von vornherein damit rechnen muß, geschlagen zu werden, vielleicht gelingt es mir ja doch, ein paar Hiebe anzubringen.

Ist dies womöglich dieselbe Energie, die auch Satan treibt? Auch er muß ja wissen, daß er Gott nicht ebenbürtig ist; er müßte erkennen, daß er letztlich unterliegen wird. Doch er kämpft weiter, um Gottes Thron ins Wanken zu bringen. Warum? Machen Wut und Haß ihn blind für sein Schicksal? Bringt der Einsatz geliehener Macht gegen den Einen, der diese Macht verliehen hat, eine hitzige Eile hervor, die sich als Allmacht verkleidet; und ist es diese Hetze, die Satan immer neu antreibt? Und eine noch viel ernstere Frage: Offenbart mein Wunsch, Gott herauszufordern, noch immer gewisse Züge dieses Vaters alles Bösen, obwohl ich doch nicht mehr zu seiner Familie gehöre?

Gott soll sich beweisen

Statt über meine Unverschämtheit zu erschrecken, fühle ich mich manchmal noch wohl dabei und bin fast ein bißchen gespannt, wie Gott sich gegenüber meinen wohlbegründeten Vorwürfen verteidigen wird.

Ich bin allerdings nicht der erste, der so empfindet. Nachdem Hiob mehr durchgemacht hatte, als mir je an Leid begegnen wird, sagte er:

> Ach daß ich wüßte, wie ich ihn finden ... könnte!
> So würde ich ihm das Recht darlegen
> und meinen Mund mit Beweisen füllen
> und erfahren die Reden, die er mir antworten,
> und vernehmen, was er mir sagen würde.
>
> (Hiob 23,3–5)

Hiob lebte fast wieder etwas auf, als er inmitten allen Leids, als alle glücklichen Gefühle erstickt waren, mit dem Gedanken spielte, Gott zur Rede zu stellen. Und tatsächlich kommt nichts einem echten Selbstwertgefühl so nahe wie die Arroganz; nichts hält uns aber gleichzeitig so sehr davon ab, uns Gott in verzweifelter, dankbarer Demut auszuliefern. Vielleicht ist das einer der Gründe, warum Gott den Stolz mehr haßt als jede andere Sünde.

Es ist die gefallene Struktur im Herzen eines jeden Menschen, die Freude daran findet, Gott herauszufordern, weil die eigene Persönlichkeit dadurch scheinbar an Macht gewinnt. Diese böse Struktur beginnt mit der Vorstellung, Gott sei vielleicht doch nicht so gut, daß man sich ihm vorbehaltlos anvertrauen kann, und deshalb sei es nur legitim, wenn wir selbst für uns zu sorgen suchen.

Wenn wir an Gottes Güte zweifeln

Was geschieht, wenn wir an Gottes Güte zweifeln, wenn die Anfechtungen so überhand nehmen, daß bloßes Vertrauen völlig unsinnig erscheint? Meist ist das der Punkt, an dem das Vertrauen auf uns selbst und unsere eigenen Kräfte sich als einzig vernünftige Möglichkeit anzubieten scheint. Wenn Gott es schon nicht schafft, sich ausreichend um unser Leben zu kümmern, dann müssen wir bestimmte Dinge eben selbst in die Hand nehmen. Und wir glauben, das sei unser gutes Recht; dabei führt dieser Weg in den sicheren Tod (Sprüche 14,12).

Sünde könnte man darum als unser Bemühen definieren, die vermeintlichen Grenzen von Gottes Güte zu überwinden. Sie besteht darin, daß wir auf uns selbst vertrauen statt auf Gott.

Solange wir Christus nicht völlig erkennen, solange werden wir in gewissem Sinne immer versuchen, dieses zerbrechliche Ding, das wir unser Selbst nennen, zu erhalten, zu beschützen und zu fördern, dieses uns selbst oft nebelhafte Ich, das sich so sehr nach Liebe, Achtung und Bedeutung sehnt. Solange die Neigung, Gott nur aufgrund dessen, was wir sehen können, zu beurteilen, nicht aufgedeckt und geschwächt wird, solange beschäftigen wir uns weiterhin damit, mit ganzem Herzen und ganzer Seele uns selbst zu suchen. Doch so können wir Gott nicht finden.

Anstatt ständig nach Lösungen für die Probleme zu suchen, die uns am meisten quälen, müssen wir die gefallene Struktur, die diesen Problemen zugrundeliegt, untergraben. Und diese Struktur basiert auf der überheblichen Annahme, es sei nur vernünftig und richtig, uns selber Recht zu verschaffen, weil Gott nicht gut genug sei, um sich ihm vorbehaltlos anzuvertrauen.

Die Früchte dieser Haltung begegnen uns heute allenthalben: *Selbst*erhaltung, *Selbst*entwicklung, *Selbst*entfaltung, *Selbst*findung, *Selbst*schutz, *Selbst*verwirklichung, *Selbst*förderung. Das sind die höchsten Ziele: Stell dich deinen Problemen, und suche *dich selbst!* Komm zu Gott, damit er dir hilft, deinen größten und wichtigsten Wunsch zu verwirklichen: die Freude an *dir selbst!...*

Die geradezu zwanghafte Beschäftigung mit dem eigenen Ich findet ihren wohl deutlichsten Niederschlag in der Entstehung der Selbsthilfegruppen. Hier haben sich in den vergangenen Jahren ungezählte Männer und Frauen zusammengefunden, um ihre Vergangenheit zu durchleuchten, ihre kaputten Lebensgeschichten aufzuarbeiten, um ihre verletzten und traumatisierten Persönlichkeiten wiederherzustellen und sich aus den verschiedensten Abhängigkeitsverhältnissen zu befreien, indem sie den Wert ihrer eigenen Persönlichkeit neu entdeckten, unterstützten, nährten und betonten. Selbst die Kirche hat die Sprache dieser Bewegung aufgenommen. Statt daß wir angesichts der Vergötzung des eigenen Ichs vor Scham erröten, predigen wir sie als eine Fortführung des Evangeliums: «Wenn Gott uns liebt, wie sollten wir uns dann nicht selbst auch lieben? Wir ehren Gott, wenn wir unsere Selbstachtung steigern.»

Leben wir womöglich in jenen Tagen, vor denen der Apostel Paulus uns gewarnt hat, jenen letzten Tagen, in denen «schlimme Zeiten kommen werden», Zeiten, in denen «die Menschen ... viel von sich halten» (2 Tim 3,1–2) und sich all der Dinge schuldig machen, die aus ihrer übersteigerten Selbstliebe erwachsen? Haben wir womöglich den Höhepunkt der Geschichte erreicht, wo das größte aller Übel – die uneingeschränkte Selbstliebe – als höchste aller Tugenden gilt?

Wenn ja, dann braucht es uns nicht zu verwundern, daß Gott entfernter scheint als je zuvor. Je besser wir den Zustand unserer gefallenen Natur erkennen, desto mehr werden wir begreifen, warum Gott sich nicht finden läßt.

Kapitel 8

Warum Gott sich nicht finden läßt

Der Stoff unseres Lebens ist mit Problemen durchwirkt. Und nur zu oft erscheint es uns, als ließe Gott uns in den Problemen allein. Warum? Warum distanziert er sich gerade dann von uns, wenn wir uns danach sehnen, seine Nähe zu spüren? Warum schweigt er, wenn wir seine Stimme hören wollen? Warum finden wir ihn oft nicht, obwohl wir ihn suchen?

Die Antwort ist in unserer gefallenen Struktur zu suchen. *Wenn wir uns Gott mit dieser Grundstruktur nähern, dann wird er uns nicht anhören.* Er weigert sich, auch nur eines unserer Worte zur Kenntnis zu nehmen. Er distanziert sich von uns. Warum? Wenn wir erkennen, was diese Grundstruktur in Wirklichkeit bedeutet, dann beginnen wir vielleicht zu verstehen, warum sie Gott so zuwider ist. In ihrer häßlichsten Ausprägung besteht sie in einer Haltung, die etwa folgendes zu Gott sagt:

«Beweise dich doch! Ich habe meine Zweifel an deiner Güte. Sieh dir doch an, was in meinem Leben und im Leben von Menschen, die ich gern habe, passiert. Weißt du denn, wie es ist, mit der ständigen Angst zu leben, daß irgend etwas Furchtbares geschehen könnte? Wenn du mir schon nicht garantieren willst, daß nichts Schlimmes passiert, dann mußt du mich schon selbst davon überzeugen, daß du mein Vertrauen verdienst.

Und wenn es dir nicht gelingt, dann spreche ich mich selbst von jeder Verpflichtung frei, dich anzubeten oder dir zu dienen. Wieso *sollte* ich dir überhaupt dienen? Was habe ich denn davon, wenn ich dir vertraue und deinen Geboten gehorche? Nützt mir das denn irgend etwas? Im Moment jedenfalls nicht.

Um alles in der Welt kann ich nicht einsehen, warum es unmoralisch sein sollte, wenn ich mich selbst um mein persönliches Wohlergehen kümmere. Sonst tut es ja niemand. Anderen auf den Schlips treten, ethische Grundsätze mißachten, über das Leid anderer Menschen hinwegsehen – solche Dinge tue ich natürlich nicht. Aber falls es für mein Wohlergehen je nötig sein sollte, etwas zu tun, was ich unter normalen Umständen für falsch halte, dann gelten selbstverständlich andere Gesetze.

Und komm mir nur nicht damit, es sei nicht recht, wenn ich mich selbst um mein Leben kümmere. Von deiner Güte habe ich noch nichts gespürt; also hast du auch kein Recht, mir Vorwürfe zu machen, und schon gar nicht einen Anspruch darauf, daß ich dir traue. Falls dir daran liegt, ein besseres Verhältnis zu mir zu bekommen, dann weißt du ja wohl, was du tun mußt. Zeig doch einmal etwas von deiner Macht, und sorge dafür, daß es besser wird. Ich möchte mit mir selbst besser klarkommen, mich nicht mehr so sorgen müssen und mich am Leben freuen können. Alles, worum ich dich bitte, ist, daß du einmal etwas von der Güte, die du zu sein behauptest, zeigst. Ist das denn wirklich zuviel verlangt? Und wenn du es tust, dann könnte es vielleicht sein, daß ich anfange, dir zu vertrauen. Vielleicht bin ich dir dann sogar dankbar, eines Tages.»

Schon allein das Bewußtsein, daß es gefährlich ist, so mit Gott zu reden, läßt uns aufleben. Selbstgerechter Trotz vermittelt uns ein Gefühl der Stärke. Doch wenn wir uns Gott so nähern, dann treibt uns nicht ein demütiger Geist, der sich an Gott freuen will, sondern ein stolzer Geist, der nur sich selbst sieht. Und wenn wir aus solch selbstgerechten, selbstsüchtigen Zweifeln heraus zu Gott kommen, dann hört er uns nicht. Dann läßt er sich nicht finden.

Aber klingt das nicht sehr extrem? Gibt es wirklich *Christen,* die so reden? Nichtchristen vielleicht, aber Christen? Oder komme ich womöglich selbst manchmal so zu Gott? Ich bin jetzt seit bald vierzig Jahren Christ. Ist diese Kraft selbst in mir noch vorhanden? Existiert sie in jedem von uns?

Der falsche Weg zu Gott – ein persönliches Beispiel

Daß wir uns Gott in der falschen Weise nähern, das gilt nicht nur für die ernsten geistlichen Kämpfe, sondern auch in vielen Alltagsentscheidungen. Unlängst hatte ich eine schwierige Wahl zu treffen. Die Lösungsmöglichkeiten, die sich mir anboten, hatten beide ihren Reiz. Dennoch hatte ich mich für eine zu entscheiden und die andere aufzugeben. Da in beiden Fällen auch andere Menschen betroffen waren, schienen die Konsequenzen in jedem Falle beträchtlich.

Am Tag, an dem die Entscheidung getroffen werden mußte, gingen mir die Überlegungen schon beim Aufwachen durch den Kopf, und unter der Dusche betete ich noch einmal um Führung. Natürlich hatte ich schon seit Wochen gebetet, aber ich hatte noch immer keinen klaren Hinweis auf Gottes Willen in dieser ganzen Angelegenheit. Ich war besorgt, fühlte mich unter Druck und wollte gern eine deutliche Wegweisung.

Während das heiße Wasser auf meinen Rücken prasselte, kam mir der Gedanke: «Vielleicht sollte ich fasten, oder wenigstens Frühstück und Mittagessen auslassen, und dann sehen, ob mir Gott nicht noch vor fünf Uhr klarmacht, welchen Weg ich gehen soll.»

Ich habe die Disziplin des Fastens im Laufe der vergangenen Jahre schätzen gelernt, als Mittel, um meine Aufmerksamkeit auf einen Bereich zu konzentrieren, der außerhalb des physisch Wahrnehmbaren liegt. Ich habe auch von vielen frommen Menschen gelesen, die fasten, um besser auf die Stimme Gottes hören zu können. Der Gedanke schien darum verlockend. Vielleicht wäre es ein guter Weg, um Gott zu überreden, sich doch zu äußern.

Doch schon während ich beschloß, diesen Plan durchzuführen, hatte ich ein ungutes Gefühl. Eine leise Stimme, die sich nicht unterdrücken lassen wollte, flüsterte mir zu: «Das muß ihm doch Eindruck machen!»

Der alte Adam war am Werk. Der Wunsch, daß Gott mir helfen möge, hatte mein Denken derart pervertiert, daß ich das Gefühl hatte, Gott *müsse* ja helfen, sein Anspruch, gut zu sein, *erfordere* das von ihm. Ich näherte mich Gott wohl, aber nicht mit einem bedingungslosen Vertrauen auf seine Güte. Ich war nicht bereit, ihn gut zu nennen, falls er sich weigerte, meinem Plan entsprechend zu reagieren. Aber genau das erwartet er von mir. Er *ist* gut, ob mein Bruder bei einem Flugzeugabsturz ums Leben kommt oder Ihr Sohn Selbstmord begeht.

Nun kann man das in harschem, befehlsmäßigem Ton vorbringen: «Nun hör einmal gut zu! Gott ist gut, und ich würde dir raten, das zu glauben!» Oder man kann es freundlich sagen, wie eine Einladung, sich an jemandem zu erfreuen, dessen bedingungslose Liebe und Hingabe an uns selbst unsere kühnsten Träume übersteigt.

Es mag uns schwerfallen, an seine Güte zu glauben, und es mögen sich auch in unserem Leben Dinge ereignen, die uns in schwere Glaubenskämpfe stürzen und bis an den Rand des Zusammenbruchs treiben, doch all unsere Kämpfe ändern nichts an der Tatsache, daß Gott wirklich gut ist. Er ist unveränderlich gut. Er wünscht mir kein Leid. Er sehnt sich danach, mich zu segnen, und er weiß, daß mein Glück davon abhängt, daß ich ihn finde. Mit all seiner Macht und seinem ganzen Herzen hat er sich dazu verpflichtet, mich ewig glücklich zu machen. Doch es ist die Art und Weise, wie er sich an seine Verpflichtung hält, die mir manchmal Mühe bereitet.

Als ich an jenem Morgen unter der Dusche stand, war mein Herz nicht auf die Wahrheit eingestimmt, daß Gott gut ist. Mir lag mehr daran, ihm einen bestimmten *Beweis* seiner Güte abzuschmeicheln. Ich wollte zwar wirklich Gottes Willen für diese Entscheidung erfahren, und mit beiden Lösungsmöglichkeiten wäre ich einverstanden gewesen. Hätte Gott mir deshalb nicht klar zeigen müssen, welche Entscheidung in seinen Augen die richtige war? Ist es falsch, wenn ich von meinem Vater Wegweisung erwarte?

Ich muß zugeben, ich war nicht allzu überzeugt davon, daß mein Fasten Gott zu einer Antwort bewegen würde. Aber – und das ist der Beweis dafür, daß die gefallene Struktur in mir am

Wirken war – ich dachte, er müsse es tun! Wenn Gott nicht antwortete, dann hatte ich, in einem verborgenen Winkel meiner Seele, berechtigten Grund, mich zu beschweren – über Gott! Und anstatt über die schiere Dreistigkeit eines solchen Gedankens erschüttert zu sein, empfand ich ein Gefühl der Überlegenheit; ich war im Recht, ein mutiger Einzelkämpfer. Kein anderes Gefühl vermag eine befriedigendere Illusion edler Stärke in uns hervorzubringen als der Zorn.

Während ich in Gedanken noch hin und her überlegte, ob es nun ratsam sei zu fasten oder nicht, hörte ich mich selbst brummen: «Gott kann wirklich sehr frustrierend sein. Ich wäre bereit zu fasten, aber er würde es wahrscheinlich gar nicht mal merken. Was muß man denn noch tun, damit er mitmacht?»

Die ungöttliche Struktur, die den meisten unserer Probleme zugrunde liegt, tritt vielleicht am deutlichsten in unserem Schimpfen und Meckern zutage. Wenn die Dinge nicht so laufen, wie wir es gern hätten, dann beschweren wir uns, daß wir Gott in den wirklich wichtigen Fragen nicht vertrauen können. Und unser Verhältnis zu ihm kühlt sich ab.

Ich war bereit, durch jeden Reifen zu springen, den Gott mir hinhalten würde, doch nur unter der Bedingung, daß er so antwortete, wie ich es vorgegeben hatte. Hätte ich bei meinem Entschluß, zu fasten, darum gebetet, daß Gott mir seine Führung deutlicher zeigt, wäre aber gleichzeitig bereit gewesen, ihn auch dann für seine Güte zu loben, wenn er mir keine zusätzliche Erkenntnis schenkte, dann hätte mich diese Einstellung, vielleicht, näher zu ihm geführt.

Die gefallene Persönlichkeitsstruktur in jedem Menschen basiert auf einer ganz zentralen Lüge: *In den wirklich wichtigen Fragen des Lebens können wir Gott nicht vertrauen.* Wir danken ihm vielleicht, wenn wir trotz des vielen Verkehrs so schnell einen Parkplatz finden, aber unsere Seele wollen wir ihm nicht anvertrauen.

In dem Maß, wie wir dieser Lüge Glauben schenken, ergreifen wir selbst die Initiative, um uns den Segen, nach dem uns verlangt, auch zu sichern. Wir nehmen für uns das Recht in Anspruch, seine Gleichgültigkeit dadurch wettzumachen, daß wir uns selbst darum kümmern, all das zu bewahren, was wir vermeintlich bedroht sehen. Wenn wir die Initiative ergreifen, dann hat das zur Folge, daß wir *Druck ausüben, um etwas zu erreichen* («Ich muß meine Tochter dazu bringen, einzusehen, daß sie unrecht hat»). Wir haben *Angst, wir könnten versagen* («Ich weiß einfach nicht, wie ich es ihr klarmachen kann»), und wir *empfinden Bitterkeit über die mangelnde Unterstützung unserer Bemühungen* («Ich verstehe nicht, warum Gott nicht mehr tut, um sie in die junge Frau umzuwandeln, die sie eigentlich sein sollte. Und die anderen tun auch nicht allzuviel»).

Daß Menschen dieser Lüge glauben, ist übrigens nichts Neues.

Beispiele aus biblischer Zeit

In den Tagen des Propheten Jesaja kamen viele Israeliten in einem ähnlichen Geist zu Gott wie ich, als ich überlegte, ob ich einen Tag fasten sollte. Hören wir einmal, was Gott dazu zu sagen hat: «Sie suchen mich täglich und begehren meine Wege zu wissen... Sie fordern von mir Recht, sie begehren, daß Gott sich nahe» (Jes 58,2).

Aber Gott antwortete ihnen: «Ihr sollt nicht so fasten, wie ihr jetzt tut, wenn eure Stimme in der Höhe gehört werden soll» (Vers 4).

Sie meinten, mit ihren Bemühungen, Gott zu finden, sei alles in Ordnung. Der Fehler lag ihrer Ansicht nach bei Gott. Er verhielt sich nicht so, wie er es sollte, und darum hatten sie auch allen Grund, seine Güte anzuzweifeln. «Warum fasten wir, und du siehst es nicht an? Warum kasteien wir unseren Leib, und du willst's nicht wissen?» (Jes 58,3).

Mit anderen Worten: «Gott, wir haben unsere Schuldigkeit getan. Jetzt ist es an dir, zu beweisen, daß du gut bist, und zu tun, was wir von dir erwarten. Aber du tust es nicht. Deshalb ist es unser gutes Recht, uns über dich zu beschweren!»

Eine andere Gruppe von Israeliten suchte Gott in derselben

Haltung. Zu ihnen sagte Gott: «Wenn sie auch mit lauter Stimme mir in die Ohren schreien, will ich sie doch nicht hören» (Hes 8,18). Wie Esau, dessen tränenreiches Flehen seinen Vater Isaak nicht dazu bringen konnte, ihn zu segnen, konnten auch diese Menschen Gott nicht dazu zwingen, sie zu hören.

«Ich will sie nicht hören.» Schreckliche Worte. Warum wollte er sie nicht hören? Wird er *mich* hören? Schreie ich in seine Ohren, oder heule ich, wie Hosea es formuliert, auf meinem Lager, ohne Aussicht darauf, Gott zu finden (Hos 7,14)?

Am Beispiel der Israeliten wird klar, daß Gott mich *nicht* hören wird, wenn ich stolz an ihn herantrete und verlange, daß er sich mir *beweist,* wenn ich meine, ich könne *mit Recht* erwarten, daß er die Dinge so lenkt, wie ich es wünsche. Wenn ich Gott nur deshalb achte, weil er meinen Zielen nützlich sein könnte, dann wird er sich von mir nicht finden lassen.

Wenn wir Gott so suchen, wie er gesucht werden möchte, wenn wir ihn so kennenlernen wollen, daß wir zu einem frohen, sinnvollen und selbstbeherrschten Leben befreit werden, dann darf es uns nicht in erster Linie darum gehen, unsere Probleme zu lösen. Statt dessen müssen wir uns bemühen, die gefallene Struktur einzureißen und das Fundament des Zweifels durch ein felsenfestes Vertrauen auf Gott zu ersetzen.

Kapitel 9

Ein gesundes Fundament: Vertrauen auf Gott

Um die gefallene Struktur zum Einsturz zu bringen, ist nicht weniger gefragt als eine regelrechte Revolution. Unsere heutige Welt ist so unmoralisch, und wir Menschen sind so fest entschlossen, uns dieser Welt anzupassen, daß das Böse zuerst einmal erkannt und gehaßt und vernichtet werden muß, bevor etwas Gutes an seine Stelle treten kann.

Manche Menschen behaupten zwar, mit der Wiedergeburt würde auch alle verderbte Arroganz, die zum Wesen des alten Menschen gehört, verschwinden oder zumindest so weit an den Rand unserer Seele gedrängt, daß sie uns nicht mehr wirklich belästigen kann. An ihrer Stelle, so lehren sie, wird die Liebe zu Christus unser Herz erfüllen und alle anderen Neigungen verzehren und uns tief in Gottes Güte verwurzeln.

Vertreter der Wiederherstellungstheorie erklären, die Scham – die falsche Botschaft dysfunktionaler Familien, wir seien schlecht – sei im Kern die «Sünde», die all unsere Bemühungen, verantwortungsbewußt zu leben und liebesfähig zu werden, korrumpiert. Befreiung von diesem Schamgefühl, das uns gefesselt hält, sei der Weg zu Reife und seelischer Gesundung. Gott finden heißt, in der Definition dieser Menschen, erkennen, daß seine Liebe uns dazu befreit, uns selbst als wertvolle Menschen anzunehmen, die sich aufgrund ihres Selbstwertgefühls verantwortlich verhalten können.

Ein Wachstum im Glauben bedeutet demgemäß nichts anderes als die Weiterentwicklung von etwas Gutem. Da ist nichts mehr in uns, was zerstört, kein moralisches Übel, das ans Licht gebracht und aufgegeben werden müßte. Der wirkliche innere Feind ist nicht die Sünde, wie wir sie normalerweise verstehen, sondern vielmehr ein mangelndes Vertrauen auf unsere eigene

Güte beziehungsweise eine begrenzte Erkenntnis unserer eigenen Identität.

Radikale Revolution

Wenn die gefallene Struktur, die ich in diesen Kapiteln beschreibe, die Wiedergeburt jedoch überlebt, wenn der trotzige Wunsch, Gott möge seine Güte doch unter Beweis stellen, noch immer in uns lebt, dann müssen wir damit rechnen, daß unsere Suche nach Gott in unserem Inneren zu einer regelrechten Revolution führt.

Eine nur begrenzte Wiederherstellung ist natürlich billiger zu haben. Wenn wir unser negatives Selbstbild aufpolieren wollen, so genügt es, ein paar Selbsthilfebücher zu lesen und unsere guten Wesenszüge zu betonen. Wer zuviel trinkt, kann eine Therapie besuchen, sich den Anonymen Alkoholikern anschließen oder eine Verpflichtung unterschreiben. Mit einer solchen begrenzten Wiederherstellung können wir unser Denken und unser Verhalten ändern, der Kern des Problems bleibt davon aber unberührt. Um ihn zu verändern, ist mehr gefordert.

Damit wir ein umfassendes Vertrauen auf Gottes Güte wiedergewinnen können, ist eine regelrechte Revolution nötig, und sie wird uns zunächst einmal eine Dimension des Schmerzes eröffnen, die uns an der Notwendigkeit des Eingriffs zweifeln läßt. Vier Bedingungen müssen erfüllt werden, um die gefallene Struktur der menschlichen Persönlichkeit einzureißen und durch eine göttliche Struktur zu ersetzen:

– Wir müssen bereit sein, seelische Schmerzen zu ertragen, auch wenn wir ihr Ende nicht absehen können und keine Möglichkeit haben, uns Erleichterung zu verschaffen. Wir müssen bereit sein zu ertragen, was uns wie der Verlust des eigenen Lebens erscheinen mag.

– Wir müssen uns diesem Schmerz bis zu einem Grad aussetzen, wo all die Dinge, die uns früher Erleichterung und Trost zu geben vermochten, keine Wirkung mehr zeigen, ja, wo sie uns nicht einmal mehr zu locken vermögen. Die Freude an der

Sünde, mit der wir uns früher kurzfristig Linderung schaffen konnten, muß ihre Macht verlieren.

– Wir müssen das grundlegend böse, gefährliche Wesen unserer gefallenen Struktur erkennen und Gott um sein Erbarmen und seine Gnade bitten.

– Wir müssen Gottes Geist darum bitten, uns die Schönheit Christi zu offenbaren, bis die Freude am Herrn und der Wunsch, anderen Menschen etwas von dieser Freude zu vermitteln, zum festen Anker in allen Stürmen unseres Lebens wird.

Oberflächenkosmetik

Die meisten Menschen stolpern durchs Leben, ohne viel von diesen vier Bedingungen zu wissen. Wir wollen Linderung; wir schätzen alles, was uns von unserem Schmerz befreien kann; wir erwarten vom Heiligen Geist eine Aufwertung unseres Selbstwertgefühls, keine Aufdeckung unserer häßlichen Seiten; und die Möglichkeit, persönliche Erfüllung zu finden, scheint uns verlockender als die Gelegenheit, Gott im Leid zu begegnen.

Und das Leben kann auch recht angenehm verlaufen, ohne daß wir diesen vier ernsten Bedingungen allzu große Beachtung schenken. Wir können Probleme lösen, verletzte Gefühle heilen und an der Verbesserung schwieriger Beziehungen arbeiten, ohne die ihnen zugrunde liegende gefallene Struktur je anzutasten. Auch auf einem schlechten Fundament können Zimmer frisch tapeziert oder sogar neu aufgerichtet werden. Sowohl in christlichen wie in säkularen Beratungsstellen auf der ganzen Welt wird ständig Oberflächenkosmetik betrieben.

Ja, selbst in vielen der Menschen, die lehren, predigen, unterrichten, evangelisieren oder seelsorgerlich tätig sind, bleibt die gefallene Struktur unangetastet. Ich frage mich manchmal, ob ihr Dienst nicht mehr in die Breite als in die Tiefe geht und ob das Gute, um das sie sich zweifellos bemühen, wirklich solche Charakterzüge entwickelt, die auch den schwersten Stürmen standhalten.

Wir dürfen nie auf eine Veränderung der Dinge hinarbeiten, ohne gleichzeitig die gegenwärtigen Zustände radikal in Frage zu stellen. Während wir versuchen, Gottes Ziele in dieser Welt zu fördern, müssen wir gleichzeitig bereit sein, jede Spur des gefallenen Wesens in uns zu zerstören.

An der falschen Front

Was geschehen kann, wenn das Gute gefördert wird, ohne das Böse einzureißen, wurde mir unlängst durch einen befreundeten Seelsorger am College bewußtgemacht. Er erzählte von einigen Studenten, deren Eltern an einem Zwölf-Stufen-Therapieprogramm teilgenommen hatten, um diverse Abhängigkeiten sowie kodependente Beziehungsstile zu überwinden. Diese Eltern berichteten ihren Kindern, daß ihre schwierigen Verhaltensmuster an Anziehungskraft verloren hätten und sie sich nun auch selbst besser annehmen könnten.

Doch die Studenten teilten die Freude ihrer Eltern nicht. Sie fuhren nicht lieber nach Hause als vorher. Vater war zwar jetzt nüchtern und angenehmer im Umgang, aber die Beziehung zu seiner Tochter war nicht reicher geworden als damals, als er noch trank. Mutter war zwar nicht mehr so hektisch und hatte es gelernt, öfter einmal nein zu sagen, aber den Kindern fehlte noch immer das Gefühl, geliebt und angenommen zu sein.

Warum? Könnte es sein, daß die meisten von uns an der falschen Front kämpfen? Kämpfen wir gegen Selbsthaß oder verantwortungsloses Verhalten, während ein weit gefährlicherer Feind unbeachtet bleibt? Wäre es vielleicht besser, wenn Vater hin und wieder trinkt und Mutter viel zu wenig Zeit hat, beide aber dennoch eine Möglichkeit fänden, sich ihren Kindern zuzuwenden?

Das wäre möglich, so möchte ich behaupten, wenn ihre Anstrengungen weniger darauf gerichtet wären, nüchtern zu werden oder Selbstbestätigung zu finden, als vielmehr Gott zu suchen. Dann wäre es ihnen unter Umständen wichtiger, etwas von sich selbst zu *geben,* als sich selbst zu *finden,* und sie würden es lernen, alles, was sich diesem höheren Ziel in den Weg stellen wollte, zu hassen. Und zu hassen, was gehaßt werden sollte, könnte ihnen unter Umständen helfen: Sie würden dann ihr Leben so ordnen, daß es etwas von Gottes Güte widerspiegelt, statt alles daranzusetzen, ihr eigenes Wohlbefinden zu fördern. Und dann würde Vater auf einmal weniger trinken, und Mutter würde es lernen, ihre Zeit besser einzuteilen.

Menschen, deren oberstes Ziel es ist, sich selbst zu finden, entweder durch Disziplin und Gehorsam oder durch die Befreiung von Zwängen, entdecken in sich selbst meist kein tieferes Problem als moralische Nachlässigkeit oder verletzte Persönlichkeitsstrukturen. Deshalb nehmen sie sich lediglich vor, es entweder *besser zu machen oder sich selbst besser zu mögen.* Sie suchen nach Heilung, ohne sich je mit dem Grundübel auseinanderzusetzen.

Doch könnte es sein, daß unsere Bemühungen, Gott als Problemlöser zu benutzen, uns davon abhalten, uns mit dem auseinanderzusetzen, was *wirklich* nicht in Ordnung ist? Bewegen wir uns damit nicht von Gottes Plan fort? Sind wir nicht froh, wenn wir beunruhigt, und voller Hoffnung, wenn wir verzweifelt sein sollten? Verbringen wir unser Leben damit, einstürzende Wände zu überpinseln? Sagen wir, wie die religiösen Führer in Hesekiels Tagen, «Friede», wo doch kein Friede ist, und tünchen selbsterrichtete, brüchige Mauern (Hes 13,10)? Wenn ja, dann sollten wir hören, was Gott dazu sagt:

«Ich will einen Wirbelwind losbrechen lassen in meinem Grimm und einen Platzregen in meinem Zorn und Hagel wie Steine in vernichtendem Grimm. So will ich die Wand niederreißen, die ihr mit Kalk übertüncht habt, und will sie zu Boden stoßen, daß man ihren Grund sehen soll. Wenn sie fällt, sollt ihr auch darin umkommen. Und ihr sollt erfahren, daß ich der Herr bin» (Hes 13,13–14).

Gott ist gut – egal, was geschieht

Der wichtigste Teil eines Weges ist immer der erste Schritt. Wer den Eingang verpaßt, wird den rechten Weg nicht gehen. Doch wie können wir diesen Eingang finden, die schmale Pforte, die uns auf den Weg zu Gott führt, die Pforte, die viele Christen durchschritten zu haben meinen, obwohl es nicht der Fall ist? Vielleicht ist dieser erste Schritt so einfach zu definieren, daß er uns in seiner ganzen Bedeutung nur selten bewußt wird:

Wir dürfen wissen, daß wir Gott finden werden, wenn wir glauben, daß er gut ist, ganz egal, was auch geschieht.

Wir wissen, daß wir Gott gefunden haben, wenn nichts unser Vertrauen auf seine unwandelbare Güte erschüttern kann:

- weder Flugzeugabstürze, bei denen geliebte Menschen ums Leben kommen;
- noch positive Befunde, die all unsere Träume zunichte machen;
- noch unerwartete Arbeitslosigkeit, die jeden Gedanken an morgen zum Alptraum werden läßt;
- noch untreue Ehepartner, die uns das Herz brechen;
- noch aufsässige Kinder, die uns unvorstellbare Schmerzen bereiten als auch Zweifel an uns selbst hervorrufen;
- noch eine Arbeit, die hohe Anforderungen an uns stellt und deren Hektik schon fast gesundheitsschädigend ist;
- noch Kämpfe mit dem Selbsthaß, die uns alles Reden vom Ruhen in Christus als reinen Hohn erscheinen lassen;
- noch Erinnerungen an Mißbrauch, die uns in jedem wachen Moment verfolgen und jede Nacht zum Alptraum werden lassen;
- noch persönliches Versagen, das die letzten Hoffnungen zunichte macht;
- noch schwierige Entscheidungen, die in jedem Falle gravierende Nachteile bringen werden;
- noch ein überwältigendes Gefühl der Einsamkeit, das unsere Seele umgibt wie ein dichter Nebel.

Es ist nicht einfach, auch in solchen Situationen am Vertrauen auf Gottes Güte festzuhalten. Wie Hiob werden wir unsere Angst und Verzweiflung hinausschreien. «Wo war Gott, als ich vergewaltigt wurde? Sag mir nicht, er war dabei. Das habe ich auch gemeint. Aber warum hat er nicht eingegriffen?» schreit das Opfer einer Vergewaltigung. «Ich wußte nicht, daß mein kleiner Sohn hinter dem Auto spielte. Als ich zurückfuhr, habe ich ihn umgebracht», schluchzt ein junger Vater. «Wie kann ein guter Gott so etwas zulassen?»

Niemand, der das Leben betrachtet, könnte auf den Gedanken kommen, daß Gott gut ist. Alle Beweise sprechen dagegen. Ein Glaube an die Güte Gottes und die Anbetung, die automatisch aus diesem Glauben erwächst, hängen vom offenbarenden Wirken des Heiligen Geistes ab. Wenn er uns in die Gegenwart des absolut Guten führt, wenn das dunkelste Leid von einem Strahl seiner unsichtbaren Herrlichkeit erhellt wird, dann entsteht Glaube.

Und der Glaube, den Gottes Geist uns schenkt, läßt all unser Sorgen um uns selbst ganz lächerlich unnötig erscheinen. Wir sind in guten Händen, ganz egal, was geschieht. Und wenn wir das wissen, dann wird auch unser Leben etwas von dieser Gewißheit widerspiegeln. Wir können entspannen und loslassen und uns um das kümmern, was unsere eigentliche Aufgabe auf dieser Erde ist – Gott zu loben und sein Reich zu bauen.

Jeder Christ hat eine Beziehung zu Christus als seinem Erlöser, zu Gott, dem Vater, und zum Heiligen Geist als dem innewohnenden Tröster und Führer. Darum können wir mit vollem Recht sagen: «Ich habe Gott gefunden», oder besser: «Gott hat mich gefunden.»

Doch in einem viel tieferen Sinn muß jeder Christ auch sagen: «Ich suche ihn noch immer.» Selbst ein Paulus sehnte sich danach, mehr von Christus zu erkennen, denn er wußte, daß er noch nicht alles begriffen hatte, was es zu wissen gab (Phil 3,12–14).

Die Suche nach Gott wird uns Kämpfe, Rückschläge und Verwirrung bescheren. Einem Gott vertrauen, der uns nicht immer zu erkennen gibt, was er gerade vorhat, fällt uns nicht leicht. Wie sollen wir glauben, daß auch unser starkes Verlangen nach Glück in seinem Plan Berücksichtigung findet? Von Natur aus sind wir eher geneigt, das Gegenteil zu vermuten.

Genau diese Neigung aber ist unser Grundproblem. Blieben wir unserem natürlichen Denken überlassen, dann würde jeder einzelne schließen, daß Gott entweder böse ist oder gar nicht existiert, daß es im gesamten Universum keinen Gott gibt, der so gut wäre, daß wir uns ihm mit den wichtigsten Fragen anvertrauen könnten. Wir mögen ihn vielleicht bitten, unser Essen zu segnen, aber wenn ein geliebter Mensch uns verrät, dann entziehen wir Gott unser Vertrauen.

Auch wenn wir uns anschauen, wie Gott mit manchen seiner Kinder umgeht, oft gerade mit jenen, die sich bedingungslos seiner Fürsorge anvertraut haben, sind wir nicht sonderlich beeindruckt. Und wenn Gott so schlecht dasteht, dann sieht die Sünde gut aus. Der Entschluß, die Dinge selbst in die Hand zu nehmen, erscheint absolut vernünftig.

Diese Zweifel an der Güte Gottes werden wie ein Virus an jedes menschliche Wesen weitergereicht – außer einem. Und dieser Eine, der ein Leben vollkommenen Vertrauens zum Vater lebte, hat auch uns Grund genug gegeben, unsere Zweifel durch den Glauben zu ersetzen. Jesus Christus hat uns den Vater gezeigt und freut sich daran, das auch weiterhin zu tun. Wir finden Gott durch Christus. Einen anderen Weg gibt es nicht.

Wenn es nun also stimmt, daß all unsere Probleme ihre Wurzel in dem Verdacht haben, daß Gott nicht gut (oder nicht gut genug) ist, dann besteht der einzige Ausweg aus unseren Problemen darin, Christus besser kennenzulernen und dabei Gott zu finden. Erinnern wir uns:

Wir dürfen wissen, daß wir Gott finden werden, wenn wir glauben, daß er gut ist, ganz gleich, was geschieht.

Oder mit anderen Worten:

Gott finden bedeutet, durch Christus ein unerschütterliches Vertrauen auf Gottes absolute Güte und vollkommene Liebe zu entwickeln, das nicht davon abhängt, was uns in diesem Leben widerfährt.

Gott finden bedeutet, auch im Angesicht von Armut, Blindheit und Flugzeugabstürzen in seiner Güte zu ruhen. Es bedeutet, dem Leben mit seinen guten wie mit seinen schlechten Seiten in einem Geist des Vertrauens gegenüberzutreten. Wir sind zu Höherem berufen als nur dazu, uns an allem Guten zu erfreuen und mit dem Schlechten irgendwie zurechtzukommen. Wir sollen in *all* unseren Beziehungen, bei *all* unserem Tun, in *allen* Freuden und in *allem* Leid ein tiefes Vertrauen zu Gott widerspiegeln.

Wenn Gott sich offenbart

Wenn wir uns Gott in der Haltung eines unwürdigen Bettlers nahen, der, wie der verlorene Sohn, zwar die eigene Sünde kennt, aber dennoch auf die Güte des Vaters traut, dann zerreißt Gott den Vorhang, der uns von ihm trennt, kommt uns entgegengelaufen, um uns in die Arme zu nehmen, und überrascht uns mit seinem heftigen Verlangen nach enger Gemeinschaft. Mit überfließendem Herzen wird er uns nichts von all dem vorenthalten, was uns helfen kann, ihn besser kennenzulernen. Auf seine eigene, unfehlbare Weise ordnet er geduldig unser Leben, ohne uns zu fragen, so daß wir ihn als Erfüller unserer Seelen, als liebenden Bräutigam erleben; als einen Gott, dem nichts mehr am Herzen liegt als unsere Freude.

In Maleachis Tagen gab es eine Gruppe von Israeliten, die demütig zu Gott kamen und ihn um Vergebung baten. Gott hörte sie. Statt seine Ohren zu verschließen, «merkt und hört» er es (Mal 3,16). Weil sie ihn in ihren Gesprächen berücksichtigten, schenkte er ihnen sein Ohr. Diese beiden Worte, *merkt* und *hört,* offenbaren einen Gott, der stehenbleibt, wenn er seinen Namen hört, der sich umdreht, um zu sehen, wer ihn ruft, und sich zum Mund des Sprechenden hinunterbeugt, damit ihm kein Wort entgeht.

Gott möchte sich finden lassen. Er freut sich, wenn wir ihn und seine Nähe suchen. Doch wir müssen zu *seinen* Bedingungen zu ihm kommen. Und dazu gehört, daß wir uns von allen natürlichen Neigungen, seine Güte nach unseren Maßstäben einzuschätzen, abwenden. Er duldet es nicht, daß andere über ihn zu Gericht sitzen. Nicht wir sind die Richter; statt dessen wird über uns Gericht gesprochen, wird uns vergeben, werden wir eingeladen: «Kommt, schmecket und sehet, wie freundlich der Herr ist.»

Ich möchte mehr von Gottes Güte erleben. Aber das wird mir nicht gelingen, solange ich meine, er sei verpflichtet, meine Probleme zu lösen. Wenn ich in ihm nichts weiter sehe als ein nützliches Werkzeug zur Erfüllung meiner Wünsche, wird er sich nicht finden lassen.

Darum muß ich mit Gott zusammenarbeiten und gemeinsam mit ihm die gefallene Struktur abtragen, auf der mein Leben sich gründet. Das wacklige Fundament des Zweifels muß durch das feste Fundament des Vertrauens ersetzt werden.

Ein göttliches Fundament

Wir wollen uns einmal einen Moment lang vorstellen, wie es wäre, wenn wir uns Gott auf einer anderen Basis zuwenden, wenn wir als zufriedene, frohe, mitteilsame Menschen zu ihm kommen könnten. Wir wollen einmal versuchen, eine Ahnung davon zu bekommen, wie es wäre, wenn wir unser Leben auf göttlichem, statt auf von der Sünde pervertiertem Fundament aufbauen würden – «Ich glaube Gott» statt «Ich zweifle an Gott». Wie das geschehen könnte, soll uns im Moment nicht interessieren. Aber wie gerne wären wir schon dort!

– Kein *Zweifel* mehr, sondern ein *Vertrauen* auf seine Güte.

– Keine *Angst* mehr, sondern die *ruhige Freude* über sein Wort: «Ich werde dich nicht verlassen. Selbst durch das Tal des Todes kannst du mit mir gehen. Sei guten Mutes. In der Welt hast du Angst, aber ich habe sie überwunden. Deine Geschichte hat einen unsagbar schönen Ausgang. Vertraue mir.»

– Keine *Wut* mehr, sondern *Anbetung.* «Gott, du allein bist würdig. Ich glaube, daß alle, die dich lieben, nicht zuschanden werden.»

Wie müßte es sein, wenn wir die folgenden Worte des Propheten Habakuk nachsprechen und auch tatsächlich meinen würden! (Um die Worte auf unsere Situation zu übertragen, habe ich einige Gedanken in kursiv eingefügt.)

Da wird der Feigenbaum nicht grünen,
und ich bin allein;
und es wird kein Gewächs sein an den Weinstöcken,
und ich kann in meiner Welt keine Freude finden.
Der Ertrag des Ölbaums bleibt aus,
und ich habe nichts, um meine schmerzenden Wunden zu behandeln,
und die Äcker bringen keine Nahrung;
und ich habe keine Arbeit oder hasse meine jetzige Arbeitsstelle;
Schafe werden aus den Hürden gerissen,
und niemand wärmt mich in der Nacht,
und in den Ställen werden keine Rinder sein,
und ich habe nichts, was mir Sicherheit verschaffen könnte.
Aber ich will mich freuen des Herrn
und fröhlich sein in Gott, meinem Heil.
Denn der Herr ist meine Kraft,
er wird meine Füße machen wie Hirschfüße
und wird mich über die Höhen führen.

(Hab 3,17–19)

Vom Zweifel zum Vertrauen, von der Angst zur Freude, von der Wut zur Anbetung, diesen Wechsel schaffen wir nur, wenn die Sehnsucht, unser Leben auf die Wirklichkeit Gottes zu gründen, größer wird als alles andere.

Doch noch sind wir nicht soweit. Niemand von uns ist an diesem Punkt angelangt.

Mit Zweifel, Angst und Wut im Herzen wenden wir uns dem

Nächsten zu, nicht, um ihn zu lieben, sondern um wenigstens von ihm ein bißchen von dem zu erhalten, was wir brauchen. Erpicht auf Linderung unseres Schmerzes und Rache an Gott, gehen wir mit dem so verzweifelten und doch so berechtigt scheinenden Ruf: «Ich brauche dich!» unsere Beziehungen ein. Und damit sind wir beim zweiten Element der gefallenen Struktur.

Kapitel 10

Die erste Ebene: Ich brauche dich

Wenn unsere Zweifel an Gott in uns die Angst vor dem Leben («Was wird morgen sein? Wird es mir gelingen?») und Wut auf Gott («Warum tut er nicht, was ich mir wünsche?») wachrufen, dann wenden wir uns unseren Mitmenschen zu, jedoch nicht, um sie zu lieben, sondern damit sie uns etwas geben, was unser Leben angenehm oder zumindest erträglicher macht. Irgend etwas muß getan werden, und auf Gott ist ja kein Verlaß.

Obwohl unsere Forderungen sich durchaus hinter einem Schleier von Höflichkeit und Freundlichkeit verbergen mögen, klingen unsere wahren Absichten etwa folgendermaßen:

- Laß mich in Ruhe.
- Versetz mich nicht in eine Lage, in der ich stärker oder besser drauf sein muß als jetzt; erwarte nicht, daß ich wachse.
- Vermittle mir keine Schuldgefühle, wenn ich versage; laß mich spüren, daß du mich auch dann noch akzeptierst, wenn ich dich verletzt habe.
- Respektiere mich, ob ich es verdiene oder nicht.
- Vergiß nicht, daß und wie ich Bestätigung brauche.
- Unterstütze mich bei meinen stümperhaften Bemühungen, mich verantwortungsbewußt zu verhalten, und hab Verständnis dafür, daß es mit meinen Schmerzen nicht einfach ist, verantwortlich zu leben.

Was wir dankbar als Gnade annehmen sollten, das fordern wir als Rechte ein. Wir sind so sehr ermutigt worden, unseren eigenen Schmerzen und Wünschen intensivste Aufmerksamkeit zu schenken, daß daneben kaum etwas anderes wichtig erscheint. Statt zu überlegen, wie wir uns *trotz* unserer Not einbringen können, konzentrieren wir uns auf die Nöte selbst. Wir benutzen den jeweils modernsten Jargon, um sie zu beschreiben («Mein Fehlverhalten basiert auf meinen erlernten Schamgefühlen und einem kodependenten Verhaltensmuster»), und versuchen sie mit Hilfe der neuesten Erkenntnisse der gerade aktuellen Lebensexperten aufzuarbeiten. Im Namen von Offenheit und Verletzlichkeit führen wir unsere Schmerzen und Nöte mit der selbstherrlichen Miene eines edlen Kämpfers vor, ohne uns darum zu kümmern, welch guten oder schlechten Eindruck wir damit in unserer Umgebung hinterlassen. Es geht um uns. *Unser* Wohlergehen steht an erster Stelle. «Nach allem, was ich durchgemacht habe», sagen wir, «ist es nun an der Zeit, daß ich an die Reihe komme. *Ich brauche dich!*»

Erst komme ich

Gegen diesen Wunsch ist niemand gefeit. Ich glaube, nichts hat mich an mir selbst mehr überrascht und beschämt als die Erkenntnis, wie automatisch auch ich nichts für wichtiger halte als meine eigenen Bedürfnisse. Dazu ein Beispiel:

Nur wenige Tage nach dem Tod meines Bruders sprach ich an seiner Beerdigung. Als ich die wenigen Sätze, die ich im Namen unserer Familie sagen wollte, vorbereitete, betete ich darum, daß Gott meine schwere Zunge in dieser schwierigen Situation doch benutzen möge, damit ich anderen Mut machen konnte, seiner Güte zu vertrauen, ganz egal, was auch geschieht. Ich wollte geben.

An einer bestimmten Stelle meiner Ansprache fiel mir ein Satz als besonders inhaltsreich auf. So, wie jeder in öffentlichen Auftritten erfahrene Redner es tun würde, hielt ich kurz inne, damit der Satz seine Wirkung tun konnte. Und während dieser zwei oder drei Sekunden hörte ich folgende Worte meine Gedanken durchziehen: «Ich glaube, ich mache meine Sache ganz gut. Das war eine gute Pause.» Doch mir war, als hätte mir jemand ins Gesicht geschlagen, als ich plötzlich erkannte, daß es mir wichtiger war, wie ich ankam, als den Zuhörern durch das, was ich sagte, wirklich weiterzuhelfen.

In jener Nacht vergoß ich bittere Tränen. Nicht einmal an der Beerdigung meines eigenen Bruders gelang es mir, der elenden Gewalt des Stolzes zu entfliehen. Die Freunde waren gekommen, um mit uns zu trauern, und ich wollte, daß sie mir für meine rhetorischen Fähigkeiten applaudierten. Ohne Worte hatte ich zu ihnen gesagt: «Ich brauche euch. Bitte streichelt mein Ego und helft mir, mich an den Fähigkeiten, die Gott mir gegeben hat, zu freuen.»

Gottes Gnade jedoch befreit mich *von* dem Zwang, besser sein zu müssen, als ich in Wirklichkeit bin, und befreit mich *dazu,* mich so zu sehen, wie ich bin, ohne die Flinte ins Korn zu werfen. Die Wahrheit über mich selbst läßt mich zwar erschrecken, doch sie befähigt mich auch, Gottes Gnade noch umfassender in Anspruch zu nehmen.

Ursachen der Kodependenz

Wie oft meine ich, der andere sei verpflichtet, mit der Nahrung, nach der mein hungriges Herz lechzt, und dem Wasser, das meine ausgedörrte Seele erfrischen kann, auf mich zuzukommen. Und wenn er es nicht tut, dann halte ich es für recht und billig, selbst die nötigen Maßnahmen zu ergreifen, um meine Leere zu füllen. Ob diese Maßnahmen moralisch zu rechtfertigen sind, das bestimme ich aufgrund ihrer Wirksamkeit. Ich will das, was ich will, dann, wann ich es will. Gibt es etwas Wichtigeres?

Da Gott jedoch nur solche Gebete erhört, die seine Ziele fördern, kann ich ihn nicht manipulieren. Also wende ich mich von ihm ab und dem Nächsten zu und entlocke ihm, mit geübter Technik, die Antwort, die ich wünsche. Damit falle ich in ein Verhaltensmuster, das man heute als Kodependenz bzw. Ko-Abhängigkeit bezeichnet: einen anderen so zu manipulieren, daß er mir ein Gefühl der Sicherheit und Geborgenheit vermittelt. Doch das ist nicht nur ein neurotisches Verhaltensmuster, es ist geradezu bösartig. Um es zu heilen, ist weit mehr gefragt, als die eigenen Bedürfnisse anzuerkennen und zuzugeben, daß es mir nie gelingen wird, sie zu befriedigen. Ich muß auch bereuen, daß ich Gott so wenig vertraue und darum von anderen fordere, was nur er geben kann.

Ob ich meine Not bewußt spüre oder nicht, ich reagiere viel leichter auf meine Gefühle als auf deine. Solange ich nicht davon überzeugt bin, daß Gott um meine Leere und um meine Sorgen weiß und auch in der Lage ist, sich meiner anzunehmen, solange werde ich mich weiterhin für meine eigenen Angelegenheiten interessieren, ehe ich mich um deine kümmern kann. Auf diese Art werde ich natürlich nie dazu kommen, mich um dich zu sorgen, denn meine Sorgen hören niemals auf. Begreifst du es denn nicht? Ich *brauche* dich, mehr als du mich. Wenn du dich in mich hineinversetzen und die Angst in mir erleben könntest, dann würdest du das verstehen.

Welchen Weg wollen wir wählen?

Wenn wir einmal untersuchen, wie wir miteinander umgehen, dann werden wir feststellen, daß wir uns immer auf einem von zwei Wegen befinden. Entweder interessiert es uns mehr, was andere für uns tun können, oder wir kümmern uns mehr darum, was wir ihnen geben können. Eine gute Beziehung entsteht da, wo beide Teile konsequent den zweiten Weg beschreiten.

Es nützt natürlich nicht viel, wenn ich einfach beschließe, der zweite Weg sei der richtige, und mich dann aus Leibeskräften bemühe, ihn auch zu gehen. Solange das Fundament unserer gefallenen Struktur nicht zum Einsturz kommt, solange können wir uns selbst nicht durch bloße Willensanstrengung zu netteren Leuten machen. Schon allein der Versuch bewirkt ziemlich große Frustration, und dort, wo man ihn für geglückt hält, führt er zu Selbstgefälligkeit.

Viele geben zu, daß vermehrte Anstrengung allein nicht ausreicht, entscheiden sich dann aber für eine verhängnisvolle Alternative. Sie meinen, wenn sie erst lernen könnten, sich selbst zu lieben, dann würden sie später auch fähig, jemand anderen zu lieben. Ein ganz praktisches Problem bei diesem Plan ist jedoch unser schier bodenloses Bedürfnis, uns geliebt zu wissen. Haben wir erst einmal damit angefangen, uns selbst zu lieben, dann bekommen wir nie mehr die Kurve zur Nächstenliebe. Wir lernen es vielleicht, den Nächsten positiver zu sehen, aber wirklich lieben werden wir ihn nicht.

Wir dürfen uns darum weder auf vermehrte Liebesbemühungen verlassen, noch uns zum Ziel setzen, uns zunächst selbst mit der Liebe zu versorgen, die wir brauchen. Statt dessen sollten wir zugeben, wie sehr wir leiden, wie sehr wir uns danach sehnen, daß jemand unseren Schmerz lindert, und wie wenig wir Gott zutrauen, sich um unsere Belange zu kümmern.

Als nächstes müssen wir auch die Hoffnung aufgeben, wir könnten eine Methode finden, Gott mehr zu vertrauen. Wir müssen einfach unser Bestes tun, um zu gehorchen, zu beten und uns in seinem Wort zu versenken, und dann, nachdem Monate, vielleicht Jahre verstrichen sind, ohne daß wir in unserer Gotteserfahrung oder unserem Umgang mit anderen eine sichtbare Veränderung hätten beobachten können, erschließen sich uns auf einmal neue, tiefere Fähigkeiten zu leidenschaftlichem Vertrauen. Wir spüren nun auch deutlicher, wie sehr wir Gott mißtrauen, wir erkennen die schreckliche Forderung, daß sich jemand um uns zu kümmern hätte; und ganz langsam steigt ein tiefes Sehnen in uns auf, Gott wirklich zu vertrauen. Und erst jetzt sehen wir in aller Deutlichkeit, daß es uns normalerweise mehr darum geht, von den anderen etwas zu fordern, als selbst etwas zu geben.

Wenn wir leben, damit die anderen uns etwas geben (und das tut jeder, der vermutet, Gott sei nicht gut), dann ist das Ergebnis immer dasselbe: unausweichliche Enttäuschung, vorübergehende Erfüllung und bittere Einsamkeit. Wenn wir Gott mißtrauen und uns von ihm ab und anderen zuwenden mit dem Schrei: «Ich brauche dich», dann wird unser Schreien nie aufhören.

Die göttliche Struktur: Ich liebe dich

Dabei könnte es ganz anders aussehen. Jesus sagte einmal zu seinen Jüngern: «Ein neues Gebot gebe ich euch, daß ihr euch untereinander liebt» (Joh 13,34). Dieses Gebot war Jahrhunderte früher schon einmal gegeben worden (3 Mo 19,18). Wieso war es neu, als Jesus es gab?

Unmittelbar im Anschluß an die obigen Worte sagte er: «Wie ich euch geliebt habe.» Anscheinend war da also etwas in der Art, wie er seine Jünger liebte, das noch nicht erkennbar gewesen war, ehe er nicht leibhaftig unter ihnen wohnte, und das ihrer Liebe untereinander nun eine neue Tiefe geben sollte.

Als Jesus auf diese Erde kam, da offenbarte er seine eigenen Kräfte ebenso wie die des Vaters. Darum können wir nun viel klarer erkennen, wie Gott wirklich ist. Vorher war das Liebesgebot nur das – ein Gebot.

Doch jetzt, nachdem uns die Güte Gottes in der Gnade, die in Christus zu uns gekommen ist, viel umfassender offenbart wurde, können wir das Gebot als Einladung begreifen, als Einladung zu einem Fest, bei dem wir die Eingeladenen sind und Jesus der Gastgeber ist. Er sorgt für die Nahrung; und jede Unterhaltung spiegelt etwas davon wider, wie sehr wir von ihm gefesselt sind. Wenn ich seinem Gebot folge und dich liebe, dann enthüllt er sich (Joh 14,21.23). Er zieht den Vorhang zurück und gewährt mir einen Blick auf das ewige Fest, an dem auch ich mich bald erfreuen darf. Und nachdem ich eine kleine Ahnung von jenem Fest erhalten habe, liegt mir selbst alles daran, die gefallene Struktur einzureißen. Vielleicht bin ich sogar bereit, die Fehden mit einigen langjährigen Feinden zu beenden und das Kriegsbeil zu begraben.

Ich bin nun aufgefordert, den *Zweifel* und seine Begleiter Angst und Wut durch ein *Vertrauen* auf Gottes Wesen zu ersetzen, das mich dazu befreit, loszulassen und Zuversicht zu haben (siehe Jes 30,15). Dann gelingt es mir vielleicht etwas besser, auf andere zuzugehen, ohne von ihnen das zu fordern, was Gott mir ja bereits gegeben hat. Weil ich besser beschützt werde als ein Staatspräsident, kann ich mich frei, ja beinahe sorglos, in dieser sonst so furchteinflößenden Welt bewegen. Statt zu sagen: «Ich brauche dich», heißt es jetzt: «Ich habe dir etwas zu geben. Ich möchte, daß du in derselben Kraft Ruhe finden kannst, die mich allmählich dazu befreit, zuversichtlich und hoffnungsvoll zu bleiben, unabhängig davon, wie jämmerlich ich mich gerade fühle oder welchen Problemen ich begegne.»

Vertrauen auf Gott und Zuversicht auf seine Güte müssen sich allerdings nicht immer in einem frohen Glücksgefühl äußern. Zuversichtliche, hoffnungsvolle Menschen zeichnen sich vielmehr durch ein besonderes Durchhaltevermögen aus und die Weigerung, oberflächliche Linderung ihrer Probleme zu suchen.

Fähig zu geben

Eine junge alleinstehende Frau, die ein ebenso reiches wie diszipliniertes geistliches Leben führt, schrieb mir nach einer längeren Zeit der seelsorgerlichen Beratung: «Ich frage mich oft, ob sich im vergangenen Jahr überhaupt etwas geändert hat. Ich merke immer noch, wie sehr ich im Umgang mit anderen versuche, mich selbst zu schützen. Dabei hätte ich so gern, daß es anders wäre. Ich bin so schnell von mir selbst enttäuscht, und Gottes Gnade scheint weit fort. Und doch spüre ich, wie ich zutiefst davon überzeugt bin, daß ich auch etwas zu geben habe. Ich bin längst nicht vollkommen, und darum brauche ich Ihn so dringend, um mit meinem eigenen Schmerz leben und trotzdem andere lieben und ihnen etwas geben zu können.»

Das einzige Anzeichen für eine Änderung in ihrem Leben kann sie darin erkennen, daß ihr inzwischen mehr daran liegt, auf andere zuzugehen. Ich möchte sie am liebsten schütteln und ihr zurufen: «Aber sehen Sie es denn nicht? Die Tatsache, daß eine Frau, die sich früher nur um sich selbst gedreht hat, auf einmal aus sich herausgehen will, ist doch schon ein Wunder! Das ist die Veränderung, die Gott bewirken möchte – und sie geschieht in Ihrem Leben. Lassen Sie Ihr Herz singen und jubeln. Gott ist am Werk!»

Aber es ist nicht einfach zu singen, wenn der Kampf mit der Einsamkeit, mit Mutlosigkeit und Selbstverachtung weitergeht. Es ist verlockend, die Freude zu vertagen, bis auch solche Probleme geklärt sind, bis wir uns an sinnvollen Freundschaften freuen, bis wir uns bestätigt und ermutigt fühlen können.

In ihrem Brief erzählte diese junge Frau weiterhin davon, wie sie ihrem vierjährigen Neffen geholfen hatte, sein Zimmer aufzuräumen, und anschließend mit ihm Ball spielte, obwohl sie gerade in jenen Tagen nahe daran war, völlig zu verzweifeln, weil sie sich so einsam und ungeliebt vorkam. Ihre Schwester, so schrieb sie, war erschöpft und brauchte Hilfe.

Als sie später über ihr Verhalten nachdachte, schrieb sie: «Während ich jetzt darüber schreibe, erscheint es mir als eine solche Kleinigkeit. Und doch, seit damals hat es unzählige ähnliche Situationen gegeben, in denen ich spürte, daß sich *meine innere Ausrichtung geändert hat* (Hervorhebung durch den Autor) und ich in der Lage war, auf jemand anders zuzugehen mit dem Wunsch, ein Stück von mir selbst zu geben.»

Diese junge Frau hat den Schritt von «Ich brauche dich» zu «Ich will dir etwas geben» getan, den wir alle tun müssen. Verweigern wir ihn, dann bewegen wir uns unausweichlich von «Ich brauche dich» zu «Ich hasse dich».

Kapitel 11

Die zweite Ebene: Ich hasse dich

Dieser Punkt ist schnell zu erfassen. Wenn wir jemanden um Brot bitten und aus irgendwelchen Gründen meinen, es müßte uns auch gegeben werden, dann sind wir beleidigt, wenn wir es nicht erhalten. Blockierte Ziele rufen Wut hervor.

Widerstreitende Wünsche

Georg, ein achtunddreißigjähriger Chemiker, führte ein wohlgeordnetes Leben. Disziplin war seine höchste Tugend. Die Struktur, mit der er sein Leben umgab, diente ihm dazu, sich vor den quälenden Erinnerungen an seinen Vater zu schützen, der ihm nie ein Gefühl der Nähe vermittelt hatte. «Wenn ich nur alles richtig mache, dann werde ich es schon schaffen», lautete sein Motto. Der Gedanke, mit einem Menschen eine tiefere Beziehung anzuknüpfen, kam ihm gar nicht in den Sinn. Er meinte, die anderen müßten einfach bereit sein, ihm bei der Verfolgung seines Ziels zu helfen.

Eines Nachmittags sagte er zu seiner Frau, er müsse nach dem Abendessen noch einmal ins Büro. Für sie hieß das halb sieben oder sieben Uhr. Für ihn bedeutete «nach dem Abendessen» Punkt halb sieben. Sie nahm das Auto, um noch eine Besorgung zu machen, und kam kurz vor sieben zurück. Georg kam ihr mit wütendem Blick schon in der Tür entgegen, riß ihr die Schlüssel aus der Hand und stürmte zum Auto. Lena hatte keine Ahnung, was sie verkehrt gemacht hatte. Sie hatte die Funktion von Georgs Lebensstruktur nicht erkannt.

Georg hatte sein Leben so geordnet, daß der Schmerz darüber, nicht um seiner selbst willen geliebt zu werden, ihm nichts anhaben konnte. Er meinte, wenn er selbst nur alles tat, was von ihm erwartet wurde, dann würde niemand einen Grund finden, ihn zu kritisieren. Und solange das funktionierte, brauchte er sich auch nicht einzugestehen, daß er sich letztlich nach einer tieferen Beziehung sehnte. An diesem Abend jedoch hatte Lena, ganz unbeabsichtigt, sein Ziel blockiert. Damit hatte sie ihm, seiner Ansicht nach, die einzige Möglichkeit, schmerzfrei zu leben, genommen. Und dafür haßte er sie.

Genau das meinte Jakobus, als er schrieb: «Woher kommt der Kampf unter euch, woher der Streit? Kommt's nicht daher, daß in euren Gliedern die Gelüste gegeneinander streiten? Ihr seid begierig und erlangt's nicht» (Jak 4,1–2).

Zu sagen, wir seien nur beleidigt, ist allerdings eine milde Untertreibung. Wenn jemand uns geben könnte, was wir brauchen, sich aber weigert, dann sind wir nicht beleidigt, dann sind wir zutiefst empört. Unsere Höflichkeit mag uns zwar davon abhalten, unsere Wut auf gewaltsame oder vulgäre Art zum Ausdruck zu bringen, aber sie kann das Ausmaß unseres Zorns nicht auslöschen. Therapeuten, die nach verdrängtem Groll suchen, werden in der Regel reichlich belohnt. Er steckt in jedem von uns. Wir sind ein zorniger Haufe.

Die Wurzel unseres Zorns

Es ist jedoch ein ernstzunehmender Fehler, die Wut zu bekämpfen, ohne ihr an die Wurzel zu gehen. Wir denken gern, wir könnten den Ärger überwinden, wenn wir lernen, ihn zu kontrollieren oder den Schmerz, der ihm zugrundeliegt, zu erkennen und zu bejahen. Kaum eine therapeutische Sitzung verstreicht, ohne daß der Therapeut etwa folgendes sagt: «Ich frage mich, ob Ihre Wut nicht ein Hinweis darauf ist, daß Sie sich nach mehr Nähe sehnen, als Ihr Partner (Freund, Ihre Eltern) Ihnen im Augenblick gibt. Vielleicht müssen Sie erkennen, daß sich hinter Ihrer Wut im Grunde Schmerz und Einsamkeit verstecken. Ich möchte gern, daß Sie einmal darüber nachdenken, ob Sie mit dem Menschen, auf den Sie so wütend sind, nicht darüber reden sollten, wie verletzt Sie sich fühlen.»

Der tiefe, schwelende Zorn und die Wut, die unter der Oberfläche brodelt und sich mit beißenden Bemerkungen und kühlem, ablehnendem Verhalten Luft verschafft, haben ihre Wurzeln letztlich in unserer Haltung gegenüber Gott. Sie sind immer Ausdruck eines Problems, das schlimmer ist als ihr unmittelbarer Auslöser. Wenn wir, anstatt zu zweifeln, glauben würden, daß Gott sich um all unsere berechtigten Interessen und Bedürfnisse kümmert, und wenn wir in dieser seiner Bereitschaft eher einen Erweis seiner Güte als eine Bestätigung unseres Wertes sehen würden, dann könnte ein Vergehen anderer an uns, ganz gleich wie ernst es wäre, nur einen gerechten Zorn in uns hervorrufen, nicht aber jene fanatische, bösartige, mörderische, zerstörerische Wut.

Wenn unsere Zweifel an Gott uns jedoch dazu treiben, voller Zorn bei anderen um Hilfe zu schreien, dann ist der Haß, den wir auf alle empfinden, die uns enttäuschen, immer pervertiert. Ja, schlimmer noch, er ist auch sehr hartnäckig. Wir werden ihn nicht los, solange wir unser Denken über Gott nicht ändern. Wir können ihn unterdrücken oder hinter bewußt geübten freundlichen Gesten verstecken, aber er bleibt uns treu, in seiner ganzen Stärke und mit all seiner Häßlichkeit.

Die sündige Natur, die glaubt, Gott habe unser Vertrauen nicht verdient, und sich dafür mit der Forderung nach Hilfe an andere wendet, trägt immer Früchte, die eine Beziehung zerstören. Sehen wir nur einmal die Aufzählung des Paulus im Brief an die Galater an (Gal 5,19–21): «Offenkundig sind aber die Werke des Fleisches, als da sind: ... Feindschaft, Hader, Eifersucht, Zorn, Zank, Zwietracht, Spaltungen, Neid.»

Wenn wir unser Leben auf einer gefallenen Persönlichkeitsstruktur aufbauen, bekommen wir große Probleme mit unserer Wut. Hinter nahezu allen psychischen Störungen – ob Eßstörungen, sexuelle Perversionen oder auch Depressionen – schäumt ein Brunnen brodelnder Wut. Und dieser Brunnen wird davon genährt, daß wir Forderungen an andere stellen, die wiederum aus dem noch tieferen und übleren Quell unserer Zweifel (und deshalb unseres Hasses) gegenüber Gott quellen.

Die göttliche Struktur: Ich nehme dich an

Wie wäre es wohl, wenn wir Gott so vertrauen würden, daß wir vom anderen nichts fordern müßten, sondern uns über jede Möglichkeit freuen könnten, ihnen eine Ahnung von Gott zu vermitteln?

Welche Kräfte würden freigesetzt, wenn jemand, der uns einmal enttäuscht hat, in unseren Augen einen freundlichen Schimmer entdecken könnte, der heller strahlt als Wut oder Schmerz? Die Kraft zu lieben, anstatt zu hassen, spiegelt das Wesen Christi wider, eine heilige Leidenschaft, welche die Güte des Vaters als verlockend und unwiderstehlich offenbart. Ein Wechsel von «Ich hasse dich» zu «Mir liegt an dir» könnte zerbrochene Familien kitten und Freude bringen, wo früher Kummer war.

Carrie litt unter einer schweren Depression. Während einer therapeutischen Sitzung legte Brent, ihr Mann, beruhigend eine Hand auf ihr Knie. Augenblicklich erstarrte sie. Ich beobachtete ihre Reaktion.

Brent, so schien es, hatte die Angewohnheit, sie jedesmal zärtlich zu tätscheln, wenn sie über irgend etwas Enttäuschung zeigte. Er machte sich nie die Mühe, ihr Problem zu verstehen, mit ihr zu überlegen, wie sie am besten damit umgehen könnte, oder überhaupt hinzuhören, wenn sie über die Ursachen mit ihm reden wollte. Er hatte Angst davor, an seiner Frau etwas wahrzunehmen, was ihn womöglich überforderte. Sie war wütend. Aber sie versteckte es hinter einem sanften Lächeln.

Ich sprach sie auf ihr Lächeln an, und nach einer Weile räumte sie ein, sie sei tatsächlich wütend und sehne sich danach, daß Brent sie verstehe, akzeptiere und beschütze, wie es noch niemand – weder ihr Vater noch Gott – je getan hatte. Als sie erkannte, daß ihre Enttäuschung sich letztlich gegen Gott richtete, erschrak sie. Sie bat ihn um Vergebung, begann mit neuem Interesse ihre Bibel zu lesen und redete mit Brent darüber, wie sehr sein Verhalten sie verwirrt und wie sie ihn – letztlich aber Gott – deswegen gehaßt habe.

Weil Gott an Carries Herzen wirken konnte, mußte sie nicht länger versuchen, etwas von Brent zu bekommen, sondern wurde dazu befreit, selbst zu geben. Und die Veränderung, die mit ihr vorging, machte es Brent leichter, nun auch seinerseits auf sie zuzugehen.

Um einen solchen Wechsel zu bewirken, müssen die grundlegenden Elemente der Struktur zerstört und vernichtet werden. Solange die ersten drei Stufen – ich zweifle an Gott, ich brauche dich, ich hasse dich – noch intakt sind, können unsere Beziehungen nicht funktionieren. Konflikte, Spannungen und Distanz sind dann unausweichlich. Doch statt unser Versagen zuzugeben und es auf unser mangelndes Vertrauen zu Gott zurückzuführen, beschließen wir oft, uns ganz aus der Abhängigkeit von anderen zu befreien, und beschäftigen uns statt dessen mit unserem eigenen Innenleben. Wir versuchen, uns selbst in einem anderen Licht zu sehen, und hoffen, wir könnten dadurch aus dem Leben doch noch ein befriedigendes Erlebnis machen, ohne daß wir uns Gott anvertrauen müssen. Damit haben wir die dritte Etage unserer gefallenen Struktur erreicht.

Kapitel 12

Die dritte Ebene: Ich hasse mich

Niemand kommt von sich aus zu Gott. Selbst Christen, die bereits zu Jesus gefunden haben und ihn mit ihrem Herzen suchen, finden immer wieder Wege, um ihm nicht bedingungslos vertrauen zu müssen. Es *muß* doch eine Möglichkeit geben, das Leben in den Griff zu bekommen, wenn wir nur alle uns zur Verfügung stehenden Mittel ausschöpfen. Wir sind entschlossen, alles, wirklich alles zu tun, um nur nicht zu Gott kommen zu müssen.

Gott so vollkommen zu vertrauen, wie er es von uns erwartet, ist für uns genauso unnatürlich, wie es für ein Kleinkind ist, einem Fremden zu vertrauen. In beiden Fällen muß zunächst eine aggressive, abwehrende Schüchternheit überwunden werden. Doch wenn uns jemand drängt, diese Zurückhaltung abzulegen, widersetzen wir uns. Ein Baby reagiert auf den freundlich ausgestreckten Arm des Nachbarn mit Weinen, oder es klammert sich noch fester an Mutters Schulter. Und auch wir weisen Gottes ausgestreckten Arm zurück und versuchen uns weiterhin vorzumachen, wir kämen auch ohne ihn zurecht. Wir leugnen unsere unerfüllten Sehnsüchte; wir stürzen uns in alle möglichen Vergnügen; wir entwickeln unsere natürlichen Fähigkeiten, um Zustimmung, Geld oder Ruhm zu erlangen. Unsere entartete Phantasie kennt kaum eine Grenze.

Allen diesen Strategien ist aber zumindest eines gemeinsam; *sie sind ein Versuch, die Verzweiflung zu leugnen, die einsetzt, wenn uns klar wird, daß keine Beziehung uns geben kann, was wir brauchen.* Enttäuschende Beziehungen sollten die Macht haben, uns, gesenkten Hauptes, zu Gott zu treiben, um sein Erbarmen und seinen Trost zu erflehen. Aber das geschieht äußerst selten, und nie ohne das Eingreifen des Heiligen Geistes.

Wenn wir uns selbst hassen

Wenn in eine Beziehung Bitterkeit einzieht, wenn es klar wird, daß jemand, auf den wir uns verlassen wollten, uns nicht geben kann, was nötig ist, dann beginnen wir erst ihn zu hassen und dann uns selbst. Ich will das erklären.

Laura kämpft mit Minderwertigkeitskomplexen. Ihre Selbsthilfegruppe macht ihr Mut und fordert sie auf, auch in ihren Beziehungen bestimmter aufzutreten. Man erinnert Laura daran, daß sie in Christus ein neuer Mensch geworden ist. Dennoch bleibt ihr ein gewisser Abscheu vor sich selbst.

Lauras Eltern, die Menschen, von denen sie instinktiv Liebe und Unterstützung erwartet hatte, waren ihr beides schuldig geblieben. Lauras Mutter haßte ihren Ehemann, und ihre Bitterkeit übertrug sich auf die Kinder. Lauras Vater war entweder weit fort, oder er war böse, abgesehen von den Momenten, in denen er zärtlich mit ihr war. Laura haßte ihre Eltern. Aber dadurch ging es ihr nicht besser.

Jedes Kind bemüht sich, so gut es kann, seine Welt zu verstehen. Warum werde ich so schlecht behandelt? Was kann ich tun, damit es besser wird? Wenn ein Kind erkennt, daß die schlechte Behandlung von seiten der Menschen, die es eigentlich lieben sollten, *deren* Fehler ist, nicht sein eigener, dann verliert es alle Hoffnung. «Wenn Vater und Mutter mich nicht lieben, wer wird es dann tun? Ich bin verloren.»

Wie so viele, versuchte Laura der Angst und Hoffnungslosigkeit zu entfliehen, indem sie die Schuld für das Versagen ihrer Eltern bei sich selbst suchte. Sie begann zu überlegen, was sie verkehrt gemacht und womit sie das Verhalten ihrer Eltern provoziert haben könnte. «Kein Wunder, daß sie mich hassen», überlegte sie. «Ich habe mich ja auch dumm angestellt. Irgendwas stimmt nicht mit mir, sonst wären Vater und Mutter nicht so böse. Wenn ich nur herausfinde, was es wirklich ist, und mich ändern kann, dann werden sie mich bestimmt lieben.»

Nun hatte sie also einen Plan, um ihr Leben zu verbessern. Sie beschloß, herauszufinden, was mit ihr selbst nicht in Ordnung war, und daran zu arbeiten. Sie glaubte, ihre eigenen Fehler bewegten die anderen dazu, sie abzulehnen; und wenn sie das ändern könnte, so meinte sie, dann würden die anderen beginnen, sie zu mögen. Und dieser Glaube gab ihr die Hoffnung, sie würde eines Tages mit dem Leben zurechtkommen, ohne sich an Gott wenden zu müssen. Ihr Selbsthaß schützte sie vor dem Eingeständnis, daß niemand je den Hunger ihres Herzens würde stillen können.

Doch Lauras Plan (sich selbst liebenswert zu machen und alles vermeintlich Unliebenswerte zu verstecken) erforderte von ihr, zu glauben, ihre eigenen Fehler seien eine ausreichende Erklärung für die fehlende Sympathie der anderen. Ein mangelhaftes Selbstbild war darum für Laura ein *nützliches* Element, um in einer enttäuschenden Welt zu überleben. Die aufmunternden Ermahnungen ihrer Selbsthilfegruppe gingen nie auf die eigentliche Funktion ihrer Minderwertigkeitskomplexe ein.

Niemand kümmert sich um mich

Daß wir jemanden hassen, der uns enttäuscht hat, ist leicht zu verstehen. Wir hätten wirklich eine bessere Behandlung verdient. Und überhaupt, was ist eigentlich mit den anderen los?

Doch irgendwann fällt uns auf, daß niemand uns gibt, was wir brauchen. Niemand ist wirklich sensibel für unsere Ängste und Nöte. Niemand liebt uns so sehr, daß wir uns völlig loslassen können. Und es wird uns auf einmal bewußt, daß es vielleicht auch nie jemand tun wird. Plötzlich entweicht eine tiefsitzende Verzweiflung dem finsteren Kerker unserer Seele und umfängt uns mit ihrem kalten Realismus. «Du bist allein», flüstert sie, «es gibt keine Hoffnung auf Gemeinschaft, Liebe oder Sinn.»

Dieser Augenblick, in dem die Seele unter dem ersten Eindruck der Angst erschauert, ist gleichzeitig eine Chance, bei Gott Hoffnung zu suchen. Doch niemand bewegt sich aus eigenen Stücken in diese Richtung. Wir sind bemerkenswert entschlossen, unser Leben mit den uns zur Verfügung stehenden Mitteln zu reparieren. Der Trieb, uns selbst zu vertrauen, ist wie eine Sucht – und die Wurzel aller anderen Süchte.

Mit geradezu satanischer Klugheit suchen wir einen Weg, der uns erhobenen Hauptes aus der Dunkelheit in das wunderbare Licht eines glücklichen Lebens führt. Es gelingt uns, wieder Hoffnung zu fassen, und wir argumentieren etwa folgendermaßen: «Vielleicht läßt sich die Tatsache, daß niemand mir so begegnet, wie ich es gern hätte, nicht ausschließlich mit den Unzulänglichkeiten der anderen erklären. Vielleicht habe ich irgend etwas an mir, was sie davon abhält, sich mir in der rechten Art zuzuwenden. Wenn ich daran arbeiten kann, dann erreiche ich es vielleicht doch, daß sie mich mögen. Und dann ist das Leben wieder in Ordnung.» Und mit neuer Hoffnung machen wir uns daran, in uns selbst nach Gründen dafür zu suchen, warum wir so oft enttäuscht und falsch behandelt werden:

- Ich bin nicht weiblich genug.
- Ich war zu naiv.
- Ich hätte nicht so jähzornig reagieren sollen.
- Ich muß freundlicher sein.
- Ich mache mir zu viele Gedanken. Deshalb werde ich immer ausgelacht. Am besten versuche ich einfach nett zu sein, irgendwie oberflächlicher.
- Meine Sehnsucht nach Zärtlichkeit macht mich verletzlich. Ich sollte mich nicht so nach Zärtlichkeit sehnen.
- Ich weiß, daß ich nicht besonders hilfsbereit war. Ich werde mich bemühen, in Zukunft immer zu tun, was man von mir erwartet.

Werkgerechtigkeit

Sehen wir, wie raffiniert Satan ist? Es stimmt ja, daß wir etwas an uns haben, was einer gesunden Beziehung zu Gott und allen Menschen im Wege steht. Wir sind nicht attraktiv! Satan führt uns ganz nahe an diese Wahrheit heran, doch dann lenkt er uns geschickt in eine hoffnungslos falsche Richtung. Der Egoismus, das wahre Problem, das uns so unattraktiv macht, erhält nie die Schuld. Und wenn, dann wird er als etwas dargestellt, was korrigiert, nicht aber vergeben werden sollte.

All das ist nichts weiter als ein satanisch beeinflußter Trick, damit wir uns auf unsere «Werkgerechtigkeit» verlassen: Das kannst du tun, und wenn du es gut genug machst, dann findest du das Leben. Wir lernen es darum, uns zunächst zu hassen und dann alles daranzusetzen, um unser schlechtes Selbstbild zu überwinden. So kann ein schlechtes Selbstbild für stolze Menschen durchaus eine nützliche Funktion haben. Es spiegelt nicht nur die herabwürdigende Behandlung durch andere wider, sondern es kompensiert den Schock der Enttäuschung über unsere Beziehungen und wandelt ihn um in eine Energie, mit der wir uns dann daran machen, an uns selbst zu arbeiten. Ein schlechtes Selbstbild schreibt die Schuld für die schlechte Behandlung einer Sache in uns zu, die wir ja korrigieren können, und indem es uns einflüstert, wir würden besser behandelt, wenn wir uns nur ausreichend darum bemühen, uns selbst zu bessern, gibt es uns neue Hoffnung.

Viele Christen haben den schrecklichen Leistungsdruck, den ein schlechtes Selbstbild hervorruft, zu Recht erkannt. Aber sie sind zu dem falschen Schluß gekommen, seine Wurzel sei im Selbsthaß zu suchen. Wenn wir unseren Haß auf uns selbst überwinden und es lernen könnten, in Gottes bedingungsloser Liebe Frieden zu finden, dann müßte der Druck, den Anforderungen gerecht zu werden, doch verschwinden, und wir könnten ein glückliches, fruchtbares, sinnvolles Leben führen.

Doch diese Argumentation weist einen ernstzunehmenden Denkfehler auf: das Kernproblem hinter dem Leistungsdruck ist nicht unser Selbsthaß. Es ist vielmehr die Entschlossenheit, Enttäuschungen zu kompensieren, ohne sich je an Gott wenden zu müssen, ohne die eigene Schuld einzugestehen und seine Gnade dankbar anzunehmen. Wir ziehen es vor, uns als Opfer unserer Beziehungen zu sehen, nicht aber als Sünder vor einem heiligen Gott.

Schachgroßmeister

Satan ist ein Meister im Schachspiel, und er spielt jeden an die Wand – außer Gott. Er sorgt dafür, daß wir für die Kränkungen, die wir von anderen erleiden, in uns selbst nach Erklärungen suchen. Und wenn wir daraufhin ein äußerst nützliches, schlechtes Selbstbild entwickelt haben, machen wir uns daran, es zu korrigieren.

Gläubige Therapeuten weisen zu Recht darauf hin, daß zu viele Menschen aus einem enormen Leistungsdruck heraus operieren. Das Evangelium, so erklären sie, befreit uns von der Notwendigkeit, irgend jemandes Ansprüchen gerecht werden zu müssen, um gute Beziehungen zu erreichen. Diese Beobachtung ist korrekt, doch auch auf sie reagiert Satan mit einem Gegenzug. Er verstärkt zunächst den Selbsthaß, der immer mit dem Leistungsdruck einhergeht, doch dann lenkt er die Aufmerksamkeit von seinem Platz im Gefüge einer gefallenen Struktur weg.

Er zeigt uns nicht etwa, daß alle diese Gefühle die natürliche Folge davon sind, daß wir an Gott zweifeln, Hilfe von anderen verlangen und sie dann unausweichlich hassen müssen. Statt dessen ermutigt er uns, uns auf den Selbsthaß als Kern des Problems zu konzentrieren. Wir definieren uns als Opfer kaputter Verhältnisse, die ein negatives Selbstbild entwickelt haben.

Die Therapie identifiziert diese negativen Gefühle, fordert uns auf, uns ihnen zu stellen, zu erforschen, woher sie kommen, und betont die Liebe Jesu als besten Weg, sie zu überwinden. Dabei wird das Kreuz jedoch allzuoft seiner versöhnenden Kraft beraubt; sein Wert besteht vielmehr darin, daß es den Menschen, die es lernen müssen, sich selbst zu akzeptieren, die nötige Bestätigung liefert. Der leidende Heiland wird zu einem mutmachenden Symbol herabgewürdigt, das uns hilft, unseren eigenen Wert zu erkennen. Hätte Jesus denn all dieses Leid auf sich genommen, wenn der Mensch es nicht wert wäre? So geht es uns insgesamt nur darum, daß wir uns selbst lieben lernen. Wir blicken zu Gott, doch nicht, um ihn zu finden, sondern um ihn zu benutzen. Er selbst verschwindet im Dunkel. Und die Sünde wird, wenn überhaupt, zweitrangig. Satan, der Großmeister im Schach, hat uns mattgesetzt!

Die göttliche Struktur: Ich versuche mich richtig einzuschätzen

Aber überlegen wir einmal, wie es wäre, wenn wir uns selbst ehrlich beurteilen würden: wenn wir zugeben würden, daß es uns nicht gelingt, richtig zu lieben und Gott so zu vertrauen, wie er es verdient hat. Und stellen wir uns vor, wir könnten uns dann aber unserem Versagen im Vertrauen auf Gottes Vergebungsbereitschaft und seine verwandelnde Kraft stellen.

Nehmen wir einmal an, wir sähen unseren Selbsthaß nicht nur als unbequeme Last, die wir loswerden wollen, sondern als abwegige Strategie, die in uns die Hoffnung nähren soll, das Leben würde schon funktionieren, wenn wir uns nur mehr anstrengen würden. Und nehmen wir weiter an, wir würden uns selbst in der Folge nicht nur als sich selbst hassende Opfer sehen, die Bestätigung brauchen, sondern vielmehr als Menschen, die an Gott zweifeln und zu Unrecht fordern, daß andere ihnen helfen.

Wenn wir erkennen würden, wie böse und hartnäckig wir Gottes Plan dabei vergewaltigen, dann würden wir das Kreuz wieder als Ort schätzen lernen, an dem Gott, durch seinen Sohn, unsere Schuld auf sich nahm und sie vergab. Und wir würden erkennen, daß er uns an jedem Tag unseres Lebens neu vergeben will, bis zu jenem Tag, an dem nichts mehr zu vergeben sein wird.

Denken Sie einmal zurück an Ihre schwierige Kindheit, an die vielleicht so schreckliche Mißhandlung, und gestehen Sie freimütig ein, wie schmerzhaft das alles war und wie sehr Sie die Menschen, die Sie mißbrauchten, gehaßt haben. Wie wäre es, wenn Sie Ihr entschlossenes Streben nach Selbstschutz aufgeben könnten? Wie wäre es, wenn Sie sich zwar noch immer verzweifelt danach sehnten, gesund und schön und gut zu sein, sich aber völlig darauf verlassen könnten, daß Gott Ihnen geben wird, was Ihr Herz begehrt? Erkennen Sie, daß Sie sich nicht mehr selbst für alles Geschehene die Schuld geben müßten? Sie würden kein negatives Selbstbild entwickeln. Statt dessen könnten Sie sich mit mutigem Gottvertrauen den Verletzungen stellen und auf Gottes Hilfe hoffen. Weil Sie wissen, daß Ihnen vergeben ist, könnten Sie zugeben, daß Sie nicht genug geliebt haben. Von «Ich hasse mich» könnten Sie zu «Ich versuche mich richtig einzuschätzen» weitergehen und dann in der Stärke der Vergebung weitermachen. «Wenn ihr umkehrtet und stille bliebet, so würde euch geholfen; durch Stillesein und Hoffen würdet ihr stark sein» (Jes 30,15).

Der reife Christ beurteilt sich nicht aus einem Gefühl des Selbsthasses heraus, sondern mit dem leidenschaftlichen Wunsch, Christus immer ähnlicher zu werden. Wenn wir unsere Motive und Handlungen untersuchen, weil wir daraus etwas lernen, weil wir wachsen und reifen wollen, dann hat das nichts mit einer zwanghaften oder verächtlichen Suche nach üblen Beweggründen zu tun, noch steckt dahinter der Trieb, uns selbst zu verteidigen oder zu beweisen, daß wir doch nicht so schlecht sind.

Nach meiner kleinen Ansprache bei der Beerdigung meines Bruders überkam mich große Reue über meinen egoistischen Stolz. Das Eingeständnis meines Versagens konnte zwei verschiedene Reaktionen hervorrufen. Entweder konnte ich mich selbst hassen und mich zornig unter Druck setzen, oder ich konnte mein Verhalten nüchtern beurteilen, es bereuen und mich neu Gott anvertrauen. Hätte ich mich selbst verdammt und mir geschworen, alles zu tun, um mich nie wieder so egoistisch zu verhalten, dann hätte ich mir selbst einen enormen Leistungsdruck auferlegt. Statt dessen gab ich zu, wie häßlich ich im tiefsten Inneren war, und rief: «Ich elender Mensch!» Und ich erinnere mich noch, wie ich zu mir selbst sagte: «Ich könnte genausogut alles Bemühen um Heiligung aufgeben.» Als ich meinem Vater später mein Problem klagte, meinte er trocken: «Das ist auch höchste Zeit.» Er meinte, ich sollte all die stolzen Versuche, meinen Charakter ändern zu wollen, endlich aufgeben.

Wenn uns unser Versagen bewußt wird, dann können wir entweder beginnen, uns selbst zu hassen oder uns nüchtern zu betrachten. Wenn wir dabei stehenbleiben, uns selbst zu verurteilen, dann geraten wir dem Selbsthaß in die Falle und stehen unter dem ständigen Druck, uns zu bessern. Wir können es aber auch lernen, uns an Gottes Gnade zu erfreuen.

Als mir bewußt wurde, wie ichbezogen ich mich an Bills Beerdigung verhalten hatte, nahm ich froh und dankbar Gottes Gnade in Anspruch. Und gleichzeitig wuchs in mir eine tiefe Sehnsucht, Christus noch ähnlicher zu werden, eine Sehnsucht, die mir meine ganze Abhängigkeit von Gottes Heiligem Geist deutlich machte, andererseits aber die selbstgestellte Forderung, besser sein zu müssen, schwächte. Ich *brauchte* jetzt nicht mehr besser zu sein, ich *wollte* es.

Normalerweise fällt es uns leichter, uns zu hassen und von uns selbst Besserung zu verlangen, als uns nüchtern einzuschätzen und dankbar die Gnade Gottes in Anspruch zu nehmen. Und wenn wir uns so unter Druck setzen, dann suchen wir nach einem Weg, wie wir überleben können, in einer Welt, die uns kein Leben geben kann.

Kapitel 13

Die vierte Ebene: Ich werde überleben

Es ist nichts Verkehrtes dabei, wenn wir unsere Probleme lösen wollen, genauso wie es nicht verkehrt ist, sich an Zärtlichkeiten oder einer guten Mahlzeit zu erfreuen. Problematisch wird es erst, wenn aus einem berechtigten Wunsch ein festes Ziel wird, wenn nichts wichtiger erscheint, als die inneren Kämpfe auszuschalten, schwierige Situationen zu ändern oder mit sich selbst zufrieden sein zu können. Wenn Wünsche zu Zielen werden, dann beginnen wir sie mit fanatischem Eifer zu verfolgen, der nicht nur moralische Grenzen verwischt, sondern uns auch die Kraft raubt, uns noch anderen Dingen zu widmen. Wir vergessen, daß wir zu Höherem berufen sind.

Zu Höherem berufen

Ich hatte eine Frau in der Therapie, die mit Zwangsvorstellungen zu kämpfen hatte. Kaum eine wache Minute, in der nicht eine Flut bizarrer Gedanken unkontrollierbar durch ihren Verstand jagte, viele davon sexueller Art, manche eindeutig böse. Ihr Wunsch nach geistiger Entspannung, nach normalen Gedanken, war verständlich. Sie wollte das Problem ihrer Zwangsvorstellungen gelöst wissen. Seit diese Gedanken begonnen hatten, etwa drei Jahre vorher, hatte sie nichts unversucht gelassen, um Hilfe zu finden. Ein Therapeut hatte Dämonen ausgetrieben; ein Psychiater verschrieb ihr Medikamente; ein Berater nahm sich Zeit, ihre Motive zu untersuchen und herauszufinden, durch welche frühen Traumata sie geprägt waren; wieder ein anderer hatte es mit Hypnosetechniken versucht.

Wenn ich an ihrem Problem zu leiden hätte, würde ich, wie sie, jedes Hilfsangebot ausprobieren, so wie ich ja auch zum

Zahnarzt eile, wenn mein Backenzahn weh tut. Verstehen Sie mich bitte nicht falsch. *Es ist nicht verkehrt, aktiv nach Lösungen unserer Probleme zu suchen.* Es ist nicht verkehrt, Arznei zu nehmen, die zwanghafte Symptome oder Depressionen lindern kann, genauso wie es nicht verkehrt ist, den Zahnarzt zu bitten, einen kaputten Zahn zu flicken.

Es ist jedoch verkehrt, sich so sehr auf die Lösung unserer Probleme zu konzentrieren, daß wir darüber die höhere Berufung, nämlich Gott inmitten unserer Probleme zu suchen, aus den Augen verlieren. Es ist verkehrt, mit ganzem Herzen und ganzer Seele und aller Kraft nach Lösungen für unsere Probleme zu suchen und darüber zu vergessen, daß anhaltende Prüfungen uns die einzigartige Möglichkeit bieten, ein noch größeres Vertrauen auf Gottes Güte zu entwickeln. Es ist verkehrt, zu solchen Heilmitteln Zuflucht zu nehmen, die uns die Möglichkeit nehmen, Gott besser kennenzulernen.

Ich leide zum Beispiel unter Schlaflosigkeit. Hin und wieder nehme ich eine Tablette, um schlafen zu können. Ich hätte nichts dagegen, wenn mir ein Schlafspezialist Hilfe schaffen würde. Ich sehe nichts Unchristliches darin, von seinem Fachwissen zu profitieren und vielleicht einmal eine Nacht gut schlafen zu können.

Dennoch zögere ich. Einige meiner gesegnetsten und fruchtbarsten Begegnungen mit dem Herrn hatte ich um zwei Uhr in der Nacht, nachdem ich mich drei frustrierende Stunden lang im Bett herumgewälzt hatte. Ich bin mir nicht sicher, was ich wegen meiner Schlafstörungen tun soll, aber ich bin sicher, daß mein Wunsch, Christus zu suchen, stärker sein muß als mein Verlangen nach Schlaf.

Herr meines Geschicks

Sich allein der Überwindung aller Lebensprobleme zu verschreiben, ist noch aus einem anderen Grund verkehrt, denn in der Regel offenbaren wir damit ein völlig unangebrachtes Vertrauen auf unsere eigenen Fähigkeiten. Wir meinen, wir hätten die Mittel, um für uns selbst zu sorgen. Vielleicht muß Gott uns deshalb erst demütigen, wenn wir uns ihm zuwenden sollen.

Wir schütteln unsere geballten Fäuste gegen Gott, und mit zusammengebissenen Zähnen erklären wir wie der Dichter William Ernest Henley: «Ich bin der Herr meines Geschicks, ich bin der Kapitän meiner Seele.» Und von der Kraft dieses hehren Gefühls getrieben, stellen wir uns dem Leben, entschlossen, zu überleben.

Und solche Gefühle finden sich nicht nur im Blut wohlhabender Atheisten oder erfolgreicher Athleten. Auch wenn wir es vielleicht nicht in so dramatische Worte kleiden, so ist *unsere* Haltung doch von ähnlicher Arroganz geprägt. Wie hektisch machen auch wir uns daran, einen wirksamen Schlachtplan zu entwerfen, wenn Probleme auftauchen.

Ich bin oft im Radio zu Gast zu Frage-und-Antwort-Sendungen. Die eingehenden Anrufe folgen in der Regel dem gleichen Muster und bestehen aus zwei Teilen. Zunächst wird kurz eine notvolle Situation geschildert («Mein Mann will in der Familie nicht die geistliche Führung übernehmen» oder «Ich habe meine Arbeit verloren»), dann fragt die Anruferin: «Was soll ich tun?» Sie geht davon aus, daß man immer etwas tun kann, um die Situation zu verbessern. Wenn ich darauf etwa sagen würde: «Ganz egal, was Sie tun, solange Ihnen mehr daran liegt, zurechtzubiegen, was in Ihrem Leben nicht in Ordnung ist, als Gott zu erkennen, hat es alles keinen Wert», dann würden mir sicher viele leicht gekränkt antworten, daß sie den Herrn bereits lieben – das sei nicht das Problem. Sie wollen jetzt nur wissen, was sie in ihrer jeweiligen Situation am besten tun sollten.

Wenn ich weiter nachhaken und fragen würde, was sie denn erwarten, so würde die Antwort, vermutlich, lauten, daß aus etwas Schlechtem etwas Gutes werden sollte: aus einem Ehemann soll ein verantwortungsbewußter Christ werden; eine neue Arbeitsstelle soll sich auftun. Oder wenn die Umstände sich nicht ändern, so möchte der Leidende doch wenigstens inmitten seiner Probleme Frieden und Freude erfahren können.

Es geht uns nicht darum, Gott besser kennenzulernen. Wir wollen ihn benutzen, um zu bekommen, was wir brauchen.

Gott kennenzulernen würde uns natürlich auch jetzt schon sehr viel Segen bringen, zum Beispiel auch ganz unerwartete Zeiten des Friedens und der Freude. Und eines Tages werden alle, die ihn kennen, sich eines unvorstellbar reichen Lebens in einer Stadt ohne Verbrechen und einem Garten ohne Unkraut erfreuen können. Dann werden der Friede vollkommen und die Freude bleibend sein. Doch jetzt müssen wir uns an den Segnungen freuen, wenn sie kommen, und durchhalten, wenn sie nicht vorhanden sind. Wir müssen den Mut haben, weiterzumachen, wenn alle guten Gefühle geschwunden sind; wenn wir von Gott überhaupt nichts spüren, müssen wir ihn gut nennen und ihm treu bleiben. Das wird uns manchmal vorkommen, als müßten wir über feuchten Zement laufen. Und doch müssen wir Gott nachjagen.

Wenn wir mehr der Befriedigung nachjagen, die er geben kann, als ihm selbst, dann wird uns beides versagt bleiben. Die größten Freuden sind jenen vorbehalten, die sich danach sehnen, dem einen nahe zu sein, den sie lieben, und die sich allein wegen der Freude, die seine Nähe bringt, auf ihn zubewegen. Den Koch zu kennen, kann ein noch größeres Vergnügen sein, als sein Gericht zu essen. Zum Himmel gehört beides.

Doch es fällt uns schwer, das zu begreifen. Aufforderungen, Gott besser kennenzulernen, klingen so wirklichkeitsfremd und hoffnungslos fromm, vor allem, wenn eine ganz bestimmte Gabe, wenn sie uns gewährt würde, unser Leben so viel lebenswerter machen könnte. Denken wir einmal, wie glücklich wir sein könnten, wenn Gott uns doch nur

– einen negativen Befund geben würde
– eine Nacht gut schlafen ließe
– einen nüchternen Ehemann gäbe
– einen Tag geben könnte, an dem wir uns gut fühlen
– weniger ängstlich sein ließe
– unsere Gedanken zur Ruhe bringen würde
– die Beziehung zu unserem rebellischen Kind bessern würde

– einen geliebten Menschen retten würde
– Hoffnung schenken würde, statt daß wir uns mit Selbstmordgedanken plagen
– die verhaßte Perversion weniger verlockend erscheinen ließe.

Der Rat, Gott zu vertrauen, kann sehr blutleer klingen. Wie würden Sie reagieren, wenn Ihr Seelsorger sagt: «Sei stille vor dem Herrn und tu das, was auf der Hand liegt. Nörgele nicht ständig an deinem Mann herum; trink nicht, um deine Geldsorgen zu ersticken; such nicht nach Lösungen. Tu das, was richtig ist, und tu es in einem Geist der Ruhe und des Friedens.»

Menschen in Not wollen Hilfe, echte, praktische Hilfe, klare Vorschläge, was sie tun können, um ihre Situation zu verändern oder sich zumindest besser zu fühlen. Aber bedenken wir: Die Annahme, daß man immer etwas tun kann, um die Dinge zu verbessern, spiegelt eine tiefer liegende, perfidere Annahme wider, daß *wir es schaffen können*; wir selbst wollen unser Leben befriedigender, erfüllender gestalten.

Aber wir können es nicht. Je nach Begabung, Vermögen und Gelegenheit haben wir vielleicht die Mittel, es uns etwas bequemer und zeitweise glücklicher einzurichten. Aber köstliche Nahrung, die unsere Seele nährt, kommt allein von Gott. Als Christen haben wir die Möglichkeit, Gott zu gehorchen, nicht aber, uns selbst Leben zu geben. Das kann nur er tun. Wir müssen uns darum ganz dem Gehorsam verschreiben und die Hoffnung auf Befriedigung unserer Wünsche ihm überlassen. Das ist ein verhältnismäßig altmodisches, aber doch bedenkenswertes Konzept, denn für manche Probleme gibt es hier auf Erden tatsächlich keine Lösung.

Selig sind die Arroganten

Die Annahme, daß wir nicht gänzlich ohne Möglichkeiten dastehen, hat eine lange, nicht besonders ehrenvolle Tradition. Ganz am Ende der Berichte des Alten Testaments, als alles dafür sprach, daß es den Juden nicht gelingen würde, ein blühendes Volk zu werden, und sie darüber hätten demütig werden müssen, prahlten sie: «Es ist umsonst, daß man Gott dient; und was nützt es, daß wir… in Buße einhergehen vor dem Herrn Zebaoth?» (Mal 3,14). (Das ist wieder einmal das Fundament der gefallenen Struktur: Zweifel an Gottes Güte und gegen ihn gerichtete Wut.)

Doch was sagten sie weiter? «Darum preisen wir die Verächter» (Mal 3,15). Begreifen wir, was diese bemerkenswerten und äußerst törichten Worte bedeuten? Die Juden sagten etwa folgendes: «Es hat wirklich keinen Sinn, zu tun, was Gott verlangt. Wir können tun, was wir wollen, nichts scheint ihn bewegen zu können, unser Leben so zu gestalten, wie es uns gefällt. Darum sind wir, auch wenn wir wütend sind und nicht wissen, wie wir mit uns selbst und den anderen zurechtkommen können, wahrscheinlich immer noch besser dran, wenn wir uns auf uns selbst verlassen. Unser Glück hängt davon ab, daß wir das Leben selbst in den Griff bekommen. Gesegnet sind die Arroganten; glücklich ist, wer sich selbst vertraut. Wenn Gott uns Ratschläge geben will, was wir tun sollen, gut, wir werden darüber nachdenken – aber nur, wenn sie geeignet sind, die Dinge so zu ändern, wie wir es wünschen.»

Gottes Reaktion auf ihre Haltung war sehr ernst. Er nannte sie Verächter und wies sie wegen ihrer groben Worte zurecht und verhieß ein schreckliches Gericht, wenn sie sich nicht änderten. Was meinte er damit?

Wir behandeln einen Menschen mit Verachtung, wenn wir seinen Worten nicht trauen. Wenn ein Autoverkäufer sein niedrigstes Preisangebot macht, dann lächeln die meisten Käufer herablassend, gehen noch ein paarmal um das Auto herum und nennen dann schließlich eine Summe, die beträchtlich tiefer liegt. In gewissem Sinn bringt die Unterhaltung zum Ausdruck, daß der Käufer den Verkäufer verachtet. Wir glauben nicht, was er sagt; wir betrachten ihn deshalb als Hindernis, das uns auf der Jagd nach dem größtmöglichen Vorteil im Wege steht. Daß wir uns zur Erlangung unserer Ziele auf unsere eigenen Möglichkeiten verlassen, entspringt einem Geist der Verachtung, der uns letztlich davon abhalten wird, Gott je zu finden.

Sylvia und Peter

Vor einiger Zeit kam ein Paar zu mir in die Beratung, das gerade etwas mehr als zehn Jahre verheiratet war. Sylvia war eine kluge Frau mit einem scharfen Verstand, die schnell den Kern eines jeden Problems erfaßte. Ihr Mann Peter, ein Versicherungskaufmann, hatte eine glatte Zunge und einen ausgeprägten Sinn für Zahlen, doch intellektuell konnte er seiner Frau nicht das Wasser reichen.

Schon bald hatte sie erkannt, daß ihr lebhafter Geist für ihn eine Bedrohung darstellte. Ob es klug war oder nicht, sie entschied sich dafür, ihre eigenwilligen Gedanken für sich zu behalten. Er verfiel schnell in die Rolle des angenehmen Gesellschafters und plauderte mit seiner Frau über alltägliche Dinge.

Nach sieben Ehejahren entwickelte Sylvia Angstsymptome und eine Depression. Als sie versuchte, den Stimmungsumschwung zu begreifen, kamen Erinnerungen an sexuellen Mißbrauch in der Kindheit ans Tageslicht – die sie nun in die Beratung führten. Sie bat Peter, sie zu begleiten.

Ich erkannte recht schnell, daß Peter sich auch jetzt, wo er sich den schweren Problemen seiner Frau gegenübersah, darauf verließ, daß sein freundliches Wesen schon damit zurechtkommen würde. Wenn sie sich ihm zuwandte, manchmal unter Tränen, manchmal im Zorn, dann lächelte er sie an und sagte etwas wie: «Liebling, das ist wirklich eine böse Sache. Ich weiß, wie schwer es für dich ist. Aber denk dran, ich liebe dich.»

Nach einer besonders sanften Bemerkung, unter der Sylvia förmlich zusammenzuckte, deutete ich an, daß ihm die starken Gefühle seiner Frau anscheinend unangenehm waren. Ein Ausdruck von Zorn und Wut trat in seine Augen. Doch er faßte sich schnell und erwiderte mit dem gewohnten Lächeln: «Nein, ich glaube nicht. Es liegt mir nur sehr viel daran, daß Sylvia spürt, daß ich sie trotz allem liebe.»

«Aber stimmt es nicht, daß Sie einen ganz kurzen Augenblick lang wütend auf mich waren, als ich sagte, es sei Ihnen unangenehm, wenn Sylvia sich aufregt oder böse wird?»

«Natürlich irritiert es mich. Ich sehe nicht gern mit an, wie meine Frau leidet. Aber nein, ich war bestimmt nicht wütend auf Sie.»

«Ich glaube, Sie *sind* wütend», entgegnete ich. «Und ich glaube, Sie sind deshalb wütend, weil Sie sich auf das einzige verlassen, was immer funktioniert hat – nämlich Ihr freundliches Reden –, um auch in dieser Situation zurechtzukommen. Aber um Ihrer Frau helfen zu können, braucht es mehr als nette Worte. Und Sie sind sich nicht sicher, ob Sie wissen, was nötig ist.»

Ich fuhr fort: «Über Jahre hinweg hat Ihre Frau Ihnen Angst gemacht, zum Teil durch ihre Intelligenz und ihren Scharfsinn. Ich frage mich, ob der Schaden, der ihr durch den sexuellen Mißbrauch zugefügt wurde, nicht weit geringer ist als der Schaden, den Sie durch Ihre Weigerung, sich ihr gegenüber wie ein richtiger Mann zu verhalten, angerichtet haben.»

Er rutschte nervös auf seinem Stuhl herum, sah mich zehn Sekunden an. Dann senkte er den Kopf und schwieg.

«Ich vermute, daß Sie im Moment sowohl ratlos wie wütend sind. Ihr bewährtes Mittel, mit anderen Menschen – einschließlich Ihrer Frau – umzugehen, funktioniert nicht mehr. Und Sie wissen es. Und Sie sind sich nicht sicher, ob Sie in sich selbst noch andere Quellen haben, von denen Sie zehren können, um sinnvoller auf Ihre Frau zuzugehen.»

Er hob die Augen, bis sein Blick den meinen traf. Er war eisig. «Ich liebe meine Frau. Ich liebe sie sehr. Und ich werde sie immer lieben.»

Mit einer Wut, wie sie nur die Angst hervorrufen kann, versteifte sich Peter auf die Haltung des vierten Elements: «Ich will überleben. Und dafür ist mir jedes Mittel recht.» Gesegnet sind die Arroganten.

Vierhundert Jahre Schweigen

Es ist nicht uninteressant, daß Gott, nachdem er die Juden in den Tagen Maleachis wegen ihrer frechen Reden getadelt hatte, vierhundert Jahre lang schwieg. Eine solch anhaltende Stille läßt einen gespannt darauf warten, mit welchen Worten sie wohl gebrochen wird. Als Gott vierhundert Jahre später Mensch wurde, lauteten seine ersten *öffentlichen* Worte an die Menge: «Selig sind, die da geistlich arm sind» (Matth 5,3). Als er das letzte Mal davor sprach, hatte er den Juden vorgeworfen, sie glaubten, die Arroganten, jene, die meinten, sie könnten aus eigener Kraft mit dem Leben fertig werden, seien gesegnet. Als er in die Welt kam, um das Leben zu bringen, begann er sein Wirken damit, daß er lehrte, glücklich seien jene, die wissen, daß es *nicht* in ihrer Macht steht, ihr Leben zu erhalten.

Die gefallene Struktur sagt: «Ich habe alles, was nötig ist. Vielleicht ist es eine gewandte Zunge oder ein flinker Verstand oder meine Persönlichkeit. Vielleicht ist es mein selbstgewählter Rückzug in die Depression oder meine Fähigkeit, Erinnerungen zu verdrängen; vielleicht ist es meine zornige Gleichgültigkeit. Vielleicht ist es auch meine Fähigkeit, Geld zu verdienen. Ich bin ein tatkräftiger, kreativer Mensch. Ich werde schon einen Weg finden, um mein Leben zu meistern. Und es wird funktionieren. *Ich werde überleben*!» Gesegnet sind die Arroganten.

Die göttliche Struktur: Ich will gehorchen

Die göttliche Struktur bewirkt eine völlig andere Einstellung: «Was ich habe, ist völlig unzureichend. Ich brauche viel mehr, als ich geben kann, um eine gute Beziehung aufzubauen, auch mit meiner Frau. Ohne Gott sind alle mir zur Verfügung stehenden Mittel absolut wertlos. Wenn es um die Mittel geht, das Leben zu erkaufen, bin ich restlos pleite.

Aber ich weiß, daß Gott gut ist. Ich weiß, daß er mir alles geben wird, was ich brauche, um in jeder Lebenslage so zu bestehen, daß ich eine echte Ahnung vom Leben bekomme und, wichtiger noch, daß er anderen gegenüber bezeugt wird. Die Probleme mögen weitergehen, aber ich kann Gott immer besser kennenlernen und auch anderen etwas von ihm vermitteln, ganz egal, was geschieht. Da ich um meine Armut weiß, bin ich frei, die Dinge zu suchen, die ich mit Gottes Währung kaufen kann.

Selig sind die geistlich Armen. *Ich will gehorsam sein.*»

Während ich an diesem Kapitel schreibe, habe ich mich mit einer verhältnismäßig komplizierten Angelegenheit auseinanderzusetzen. In der Aufgabe, in die Gott mich berufen hat, sind einige Herausforderungen aufgetaucht, mit denen ich nicht richtig umzugehen weiß. Das raubt mir manchmal die Motivation; Sorgen lassen mich unruhig schlafen, und hin und wieder kommen mir sogar Zweifel an meiner Berufung.

Meine natürliche Reaktion auf diese Kämpfe besteht normalerweise darin, daß ich mich an die Gaben und Fähigkeiten erinnere, die Gott mir ja gegeben hat, und mich zum Durchhalten ermahne. Wenn die inneren Kämpfe stärker werden, schimpfe ich mit mir selbst und werfe mir vor, einen schwachen Charakter zu haben, der keine Krisen erträgt.

Doch wenn ich über meine gefallene Struktur nachdenke, dann wird mir immer klarer, wie hartnäckig und gleichzeitig wie ängstlich ich mich noch auf meine Begabungen verlasse, um zu siegen. Seit Jahren sagt man mir, ich sei ein begabter Denker. Aber vielleicht ist ja meine Fähigkeit, mich in der Welt abstrakter Gedanken zu bewegen, zu einem Götzen geworden.

Vor einigen Jahren bin ich bei einem Sturz auf den Betonboden mit dem Kopf aufgeschlagen und habe mir eine Gehirnerschütterung zugezogen. In der ersten halben Stunde auf der Notfallstation habe ich wirr phantasiert. Immer und immer wieder rief ich den einen Satz: «Ich werde nie mehr denken können!» Habe ich damals den Tod meines Götzen beklagt?

In den gegenwärtigen beruflichen Schwierigkeiten lerne ich, wenn auch nicht ohne Widerstand, zuzugeben, daß meine Mittel unter Umständen nicht genügen, um ein befriedigendes Ergebnis zu erzielen. Und dieses Eingeständnis befreit mich dazu, meine Gaben und Fähigkeiten vor Gott hinzulegen, damit er sie dort einsetzen kann, wo sie ihm am meisten dienen können. Mein Verstand funktioniert noch immer – und ich hoffe nicht allzuschlecht. Doch in dem Maß, wie ich lerne, nichts anderes von mir zu verlangen, als daß Gottes Plan in meinem Leben verwirklicht wird, läßt der Druck nach.

Die gefallene Struktur gerät ins Wanken. Ich muß nicht mehr um mein eigenes Überleben kämpfen.

Kapitel 14

Die fünfte Ebene: So werde ich es schaffen

Mit dem Beschluß zu überleben kommt die Forderung, herauszufinden, wie das zu schaffen ist. Mehr als auf irgend etwas anderes sind wir auf Beziehungen angelegt. Darum besteht, ganz natürlich, der erste Punkt der Geschäftsordnung darin, eine Strategie für den Umgang mit Menschen zu entwickeln, die uns hilft, ihnen all das zu entlocken, was wir brauchen, und die uns gleichzeitig vor der Gewalt schützt, die sie über uns ausüben wollen.

Vielleicht offenbart nichts so deutlich, wer wir sind und was wir vom Leben halten, als unsere Art des Umgangs mit anderen Menschen. Die meisten folgen einem ziemlich konsequenten Plan, der ihre Schwächen verbirgt und ihre Stärken unterstreicht. Ich nenne ihn *Beziehungsstil.*

Wenn wir längere Zeit mit einem Menschen zusammen sind, dann entdecken wir normalerweise eines von zwei Beziehungsmustern. Einige wenige Menschen wenden sich ihrem Gegenüber mit echter Anteilnahme zu. Wir spüren, daß das, was wir sagen, sie interessiert. Ihre ganze Aufmerksamkeit ist uns gewidmet, sie haben Humor und bieten uns auch praktische Hilfe an. Sie gehen auf uns ein.

Bei den meisten Menschen sieht die Geschichte anders aus. Wir spüren, daß ihre joviale Freundlichkeit, ihre nüchterne Tüchtigkeit oder auch ihre ernste Frömmigkeit mehr mit ihnen selbst zu tun hat als mit uns. Der Umgang mit ihnen strengt uns an, irritiert uns oder macht uns gereizt und motiviert uns nicht zu größeren Taten.

Ein Strauß von Komplimenten

Ich erinnere mich an eine Frau, die mich in der Beratung aufsuchte, als ihr Mann die Scheidung einreichte. Schon in der ersten Sitzung ließ Dana mich wissen, wie glücklich sie sich schätze, bei mir einen Termin bekommen zu haben. Nach dem endlosen Strom von Komplimenten zu schließen, mit dem sie mich in jeder Sitzung überschüttete, habe ich nie einen Fall brillanter gelöst als diesen.

Als ich einmal andeutete, ihre freundlichen Bemerkungen seien wohl eher darauf gerichtet, meine Sympathie zu erringen als mich zu ermutigen, lächelte sie wie ein kleines Mädchen, das bei etwas Verkehrtem ertappt wurde, aber nicht die Kontrolle verlieren will, und sagte: «Sie sind aber wirklich gescheit!»

Noch heute schickt sie mir hin und wieder eine Karte, die regelmäßig einen übertriebenen Dank für das Wenige enthält, was ich für sie tun konnte.

Manche Gefühlsäußerungen entspringen einem ehrlichen Herzen, und wir sollten sie dankbar annehmen. Andere tun es nicht, und wir dürfen sie entsprechend einordnen. Der Unterschied besteht in der ihnen zugrundeliegenden Struktur. Jeder Beziehungsstil, jeder Wortwechsel und jede Unterhaltung spiegeln entweder etwas von unserem gefallenen Wesen oder von unserer Erlösung wider. Zweifel an Gott, die einen selbstbewußten Willen zum Überleben in uns wachrufen, bewirken, daß allen Gesprächen, die wir führen, ein egoistisches Element zugrundeliegt. Unterschwellig verfolgen wir ein Ziel, das mehr mit unserem eigenen Wohlergehen als dem Wohlergehen unseres Gesprächspartners zu tun hat.

(Natürlich vermischen sich diese beiden Elemente. Kein Christ agiert je von einer völlig korrupten Basis aus, nicht einmal ein Lot in Sodom, dessen Anteilnahme zeigte, daß Gott doch auch in ihm am Wirken war. Noch kann ein Christ je allein aus göttlicher Kraft leben, bevor er Christus nicht von Angesicht zu Angesicht sieht und damit völlig von seiner Güte überwunden wird.)

Die schüchterne Christine

In der Seelsorgeausbildung, die ich leite, führen wir jedes Semester mit jeweils zehn Teilnehmern einen wöchentlichen Kurs über Beziehungsstile durch. Denn wenn das Kommunikationsmuster eines Seelsorgers auf der gefallenen Struktur aufbaut, dann werden seine Bemühungen, anderen zu helfen, davon beeinträchtigt.

In einer solchen Gruppe war Christine, eine große, blonde, attraktive Frau, die aber nur sehr wenig sagte. In der zehnten Stunde fragte Eva, eine andere Teilnehmerin, eine lebhafte Brünette, Christine, warum sie sich nicht mehr beteilige.

«Oh, ich habe wirklich nicht sehr viel zu sagen», erwiderte Christine mit zaghaftem Lächeln. «Und ich höre euch anderen gern zu. Aber wenn ihr mich etwas fragen wollt, dann werde ich euch natürlich gern antworten.»

Ich wandte mich schnell an Eva und fragte sie, wie diese Antwort auf sie wirke.

«Ich fühle mich abgefertigt, irgendwie abgespeist. Ich kann mir nicht vorstellen, daß sie sich wirklich gern mit mir unterhalten würde. Es ist, als wollte sie keinen von uns nahe an sich heranlassen.»

Dann wandte ich mich an Christine. «Können Sie das nachvollziehen? Ich muß sagen, ich habe es genauso empfunden. Ihr Lächeln und Ihre Wortwahl bringen zum Ausdruck, daß Sie nicht vorhaben, sich von uns kennenlernen zu lassen. Ich frage mich, ob Sie sich selbst als einen Menschen sehen, der über alles die Kontrolle behalten will.»

Einige Wochen später gestand Christine der Gruppe: «Ich öffne mich nie ganz einem anderen Menschen. Ich bleibe immer auf Distanz. Ich muß. Mein Vater verließ uns, als ich noch klein war, und seitdem war ich Mutters Ein und Alles. Sie steckte mich immer in übertrieben niedliche Kleider. Ich kam mir vor wie eine Schaufensterpuppe, die Mutters neueste Kreationen vorführen mußte.

Ich erinnere mich noch, daß ich mir vornahm, nie mein wahres Ich zu zeigen, daß ich so eine Art rührende Schüchternheit benutzen würde, um die Menschen auf Distanz zu halten, so wie ich es tat, wenn Mutter mich ihren Freundinnen vorführte. Ihr wißt ja nicht, wie sehr ich es hasse, immer reizend sein zu müssen. Aber ich habe Angst davor, anders zu sein. Ich hatte nie das Gefühl, daß man sich für mich selbst interessieren könnte.»

Im Rahmen der Gruppe lernte Christine es allmählich, ihre Arroganz, ihren Ärger auf Gott und andere Menschen und ihre Angst vor dem Leben zuzugeben.

Die göttliche Struktur: So will ich leben

Wie könnte Christine sich einbringen, wenn sie in der Kraft der göttlichen Struktur leben würde? Nehmen wir einmal an, sie könnte trotz eines Vaters, der sie verließ, und einer überbehütenden Mutter glauben, daß Gott gut ist. Nehmen wir einmal an, sie könnte begreifen, daß diese Güte sich am vollkommensten am Kreuz offenbarte, wo Gott auch ihr größtes Problem löste. Nehmen wir einmal an, sie könnte sich den Menschen zuwenden, um ihnen – um ihretwillen – etwas zu geben, weil sie wüßte, daß sie wegen Gottes Wirken in ihrem Leben tatsächlich etwas zu geben hat. Nehmen wir einmal an, ihr könnte auch dann noch an der Freude und am Wachstum anderer Menschen gelegen sein, wenn diese sie schlecht behandeln, und sie könnte ihre eigene, so mangelhafte Liebesfähigkeit mit den demütigen, aber dennoch frohen Augen eines Menschen betrachten, der weiß, daß ihm vergeben ist. Und schließlich wollen wir uns vorstellen, es ginge ihr auch bei der Gestaltung ihres Lebens mehr darum, zu gehorchen, als selbst irgendwie zu überleben.

Dann könnte sie sich unter anderem wahrscheinlich auch in der Gruppe mehr beteiligen, und sie wäre nicht mehr ganz so reizend. Sie würde darauf achten, wie sie auf andere wirkt, jedoch nicht mehr, um sich selbst zu schützen oder damit die anderen mit ihr zufrieden wären, sondern weil sie den ehrlichen

Wunsch hätte, sie zu ermutigen. Sie würde vielleicht etwas aggressiver wirken und den Mund aufmachen, wenn etwas nicht recht wäre. Etwas von ihrer Sanftheit würde sicher bleiben; aber jetzt wäre es echt. Und die anderen würden es spüren und darüber froh sein. Ihr Beziehungsstil würde sich ändern.

Es ist also ganz entscheidend, welche Beziehung wir zu Gott und zu unseren Mitmenschen haben. Die Diagramme auf den folgenden Seiten wollen noch einmal veranschaulichen, wie diese Beziehungen innerhalb der gefallenen und der göttlichen Struktur aussehen.

Und nun kommt die große Frage: Wie schaffen wir den Sprung von der gefallenen zur göttlichen Struktur? Wenn wir Gott finden wollen, dann müssen wir ihn von ganzem Herzen suchen. Das gelingt uns nicht, solange die gefallene Struktur unangetastet bleibt. Sie muß eingerissen werden. Etwas in unserem Inneren muß *zerschlagen* werden, und von außen muß etwas kommen, um uns auf den Weg zu Gott zu *locken*. Das Zerschlagen wie auch das Locken ist ein Werk des Heiligen Geistes. Unsere Aufgabe ist es, ihn zu diesem Werk einzuladen.

DIE GEFALLENE STRUKTUR

		PROBLEMFELDER
Ebene fünf	SO WERDE ICH ES SCHAFFEN! «Wenn ich das tue, werde ich mich sicher fühlen.»	Törichter und egoistischer Beziehungsstil
Ebene vier	ICH WERDE ÜBERLEBEN «Ich werde schon einen Weg finden, um zu bekommen, was ich will.»	Arrogante Entschlossenheit
Ebene drei	ICH HASSE MICH «Irgend etwas stimmt nicht mit mir. Deshalb lassen mich die anderen immer hängen.»	Negatives Selbstbild
Ebene zwei	ICH HASSE DICH «Du hast mich im Stich gelassen!»	Zwischenmenschliche Konflikte
Ebene eins	ICH BRAUCHE DICH «Du solltest dich mehr um mich kümmern.»	Fordernde Abhängigkeit
Fundament	ICH ZWEIFLE AN GOTT «Er kann kein guter Gott sein.»	Angst und Wut

DIE GÖTTLICHE STRUKTUR

EINE LEBENSWEISE, DIE FRUCHT BRINGT

Ebene fünf	SO WILL ICH LEBEN! «Wenn ich mich so verhalte, spiegele ich etwas von meinem Vertrauen zu Gott wider.»	Kluger und auf andere gerichteter Beziehungsstil
Ebene vier	ICH WILL GEHORCHEN «Ich bin nicht vollkommen, aber ich will das Richtige tun.»	Demütige Bereitschaft und Freude
Ebene drei	ICH WILL MICH RICHTIG EINSCHÄTZEN «Wenn es mir nicht gelingt, dich zu lieben, dann bin ich im Unrecht.»	Reue und Buße
Ebene zwei	ICH NEHME DICH AN «Du mußt dich nicht um meinetwillen ändern.»	Vertrautheit
Ebene eins	ICH LIEBE DICH «Ich will dir etwas geben.»	Innere Unabhängigkeit
Fundament	ICH GLAUBE GOTT «Alles dient zum Besten, weil Gott gut ist.»	Friede, Vertrauen, Anbetung

Teil III
Der Weg zu Gott

Kapitel 15

Die Mitte der Nacht ist der Anfang des Tages

Ich möchte uns auf die Schlußkapitel einstimmen, indem ich einige Gedanken aus meinem Tagebuch wiedergebe, das ich eher unregelmäßig führe. Die Stimmung mag negativ, sehr gedrückt und schwarz erscheinen. Doch das Weinen kommt vor dem Lachen, die Wehen der Geburt kommen vor der Freude am neuen Leben, Fragen müssen gestellt werden, ehe Vertrauen wachsen kann. Ent-Täuschung ist der Boden, auf dem die Hoffnung wächst. Gottes Geist muß das Böse in uns erst zerstören, ehe er uns mit der Verheißung auf neue Freuden locken kann. Ich notierte die folgenden Gedanken während einer dreistündigen Flugreise im Sommer 1992. Als ich auf dem Flughafen eintraf, fühlte ich mich plötzlich von einer überwältigenden Traurigkeit erfaßt, die jeden Gedanken an Hoffnung oder Freude auslöschte. Es schien, als hätte ich die Frucht des Geistes nie gekannt.

Ich gebe meine Gedanken aus einer schwierigen Situation hier preis, weil ich denke, daß mein Erleben nichts Seltenes ist. Ehrliche Menschen, die von der Hoffnung auf etwas, was unerreichbar scheint, gequält sind, gehen oft durch tiefe Täler. Ich veröffentliche den folgenden Auszug aus meinem Tagebuch in der Hoffnung, daß andere Menschen in ähnlicher Situation dadurch in ihrem Glauben gestärkt werden. Der Weg zu Gott geht durchs Dunkel, ehe er uns ins Licht führt.

Tagebucheintrag vom 1. Juli 1992

Manchmal ist meine Seele wie tot. Manchmal wie gemartert. Im Moment empfinde ich eine schreckliche Mischung aus beidem.

Ich hasse diese Zeiten. Ich wünschte, ich könnte einfach normal und zufrieden sein. Ich kenne Leute, die wirken so viel glücklicher als ich. Warum muß ich in solche Verzweiflung stürzen? Wenn ich darin versinke, fällt es mir schwer, an mir oder irgendeinem anderen Menschen etwas zum Freuen zu entdecken. Ich fühle mich jämmerlich, das Zerrbild eines Christen. Ich frage mich, ob die Menschen, die meine Bücher lesen, sich vorstellen können, daß ich so down sein kann.

In solchen Zeiten ist mir regelrecht angst. Auch jetzt geht es mir so. Bleibt noch genug von mir übrig, um weiterzumachen, meine Arbeit zu erledigen, meine Familie zu lieben, mich dem Leben zu stellen? Oder bin ich in einem Netz dunkler, verschlungener Tunnels verschwunden, einem kalten, schwarzen Labyrinth, das nach unten zeigt und aus dem ich nie wieder herausfinden werde?

Ich mache mir Sorgen, aber nicht mit jenem produktiven Zorn, der mich in Bewegung setzen könnte. Mein Sorgen läßt mich eher verzweifeln. Es ist, wie wenn man in ein schwarzes Loch fällt und nicht weiß, ob man gleich unten aufschlägt und alles vorüber ist oder ob man beim Fallen wieder nur gegen die Wand stößt und sich noch einen Knochen bricht, ehe man auf dem Boden landet.

Was soll ich tun? Ich hasse es, mich so zu fühlen. In diesem Zustand bin ich niemandem eine Hilfe. Wo ist Gott? Warum tut er nichts? Ich möchte mich bewegen, irgend etwas tun. Aber eine tiefe, böse Langeweile, eine hoffnungslose Gleichgültigkeit raubt mir jede Energie. Ich kann weder laufen noch gehen, noch stehen. Ich schleppe mich höchstens auf dem Weg des geringsten Widerstands dahin, mehr schmollend als jammernd.

Aber wenn ich so weiterschlurfe, mich einfach treiben lasse, dann fürchte ich, den Verstand zu verlieren. Ich möchte ein reifer, ausgeglichener, liebender Mann werden, jemand, auf den meine Frau sich verlassen und an dem sie Freude haben kann. Ich *darf* mich nicht hängen lassen. Ich *muß* etwas tun.

Aber das ist genau das Problem. Der Gedanke, etwas zu unternehmen, setzt das Vorhandensein einer Energie in mir voraus, die nutzbar gemacht werden kann. Er geht davon aus, daß ich als wirkliches Wesen existiere, als jemand, der in der Lage ist, eine Richtung zu wählen und sie dann auch einzuschlagen.

Etwas zu unternehmen, setzt noch etwas anderes voraus, nämlich, daß es einen Grund dafür gibt, diesen Weg zu wählen und nicht jenen, daß es einen wohlwollenden Schöpfer hinter all diesem Chaos gibt, der einen guten Plan hat, den ich vielleicht verfehle, wenn ich ihn ignoriere.

Um mich bewegen zu können, müßte ich, so scheint mir, zwei Dinge glauben: erstens, daß ich unter all meinem Schmerz als freier Mensch existiere, der sich bewegen kann, und zweitens, daß Gott existiert, daß es da wirklich eine unendlich gütige Person gibt, die mich einlädt, mich auf eine Freude zuzubewegen, die nur sie geben kann.

Wenn ich glaube, daß Gott gut ist und ich frei bin, dann kann ich die Höhen und Tiefen des Lebens hoffnungsvoll durchschreiten – es gibt einen Sinn. Das Gute ist stärker als das Böse. Ich habe Grund zur Freude.

Glaube ich jedoch nur eine oder keine dieser Aussagen, dann ist das Leben ein hoffnungsloses Drama, ein schlechter Scherz, der mir etwas vorgaukelt, was es gar nicht gibt. Es wird zur Farce, lacht mich aus und quittiert jeden meiner Versuche, mich über die Sinnlosigkeit zu erheben oder ihr zu entrinnen, mit einem haßerfüllten, höhnischen Gelächter. Mir bleibt nichts als Schmerz, endloser, kaum zu ertragender Schmerz.

Doch noch während ich schreibe, fällt mir zweierlei auf – und ich schöpfe Hoffnung. Selbst da, wo ich von Unglaube spreche, stelle ich mir die letzte Wirklichkeit größer vor als ein «Es». Ich habe gerade geschrieben, daß «es» mich auslacht. Aber «Dinge» können nicht lachen. Das können nur Personen. Die Materie verspottet niemanden. Sie existiert lediglich. Nur Personen spotten. Sie verspotten – oder lieben – andere Personen. Über eine seltsame Gesteinsformation zu lachen oder einen drolligen kleinen Hund ist etwas ganz anderes, als einen Freund auszulachen. Ich glaube also, daß ein Gott existiert. Und ich glaube, daß ich existiere.

Ich kann den Gedanken an eine persönliche Energie außerhalb von mir selbst, die groß genug ist, um mich zu umzingeln, nicht abschütteln. Ich kann mir diese persönliche Wirklichkeit als etwas Gutes oder etwas Böses vorstellen, aber ich kann mir nicht vorstellen, daß es sie (nicht «es») nicht gibt, daß sie nicht existiert.

Da ist *jemand!* Die letzte Wirklichkeit ist eine Person. Ich weiß es. Es muß so sein. Die unstillbare Sehnsucht in mir, gar nicht zu reden von einem so komplizierten Gebilde wie zum Beispiel einem Schmetterling, läßt sich nicht anders erklären. Die Frage lautet darum: Ist diese letzte, endgültige Person gut oder böse?

Und diese Frage bringt mich zu einer zweiten Beobachtung. Ich denke nicht nur automatisch an eine Person hinter der Materie, sondern ich stelle mir auch vor, daß diese Person sich auf mich zubewegt und beim Näherkommen etwas für mich empfindet.

Ich stelle fest, daß ich eine grundlegende Tatsache nicht leugnen kann: *Die Wirklichkeit definiert sich durch eine Beziehung zwischen zwei Personen.* Die eine ist eine unendliche Person, entweder gut oder böse. Die andere bin ich, oder auch eine Gemeinschaft von Menschen wie ich, Individuen mit der Freiheit, sich von dieser unendlichen Person fort- oder auf sie zuzubewegen, je nachdem, was wir über sie glauben.

Was aber glaube ich? Ich weiß, daß es sie gibt, und ich weiß, daß es mich gibt. Aber ist sie gut, verdient sie mein Vertrauen, und gibt sie mir damit Grund zu berechtigter Hoffnung? Oder ist sie böse, und bin ich deshalb allein, auf meine eigenen Möglichkeiten zurückgeworfen, um in einer Welt das Glück zu suchen, die es mir doch nicht geben kann, es sei denn, ich schraube meine Ansprüche herunter?

Wenn ich soweit gekommen bin, dann entdecke ich in mir eine seltsam unerschütterliche Überzeugung, daß diese eine, letzte Person tatsächlich der Gott der Bibel ist, der Gott, der sich in Jesus Christus offenbart hat, durch und durch gut, in seinem moralischen Anspruch schonungslos, grenzenlos mächtig, voller unvorstellbarer Liebe, und entschlossen, seine höchsten Tugenden dadurch zu beweisen, daß er mich vollkommen glücklich macht.

Wenn ich weiterfrage, warum ich glaube, dieser Gott sei gut, warum dieses höchste Wesen nicht böse ist, dann steht mir sehr bald mein Verlangen nach Schönheit vor Augen: nach der Schönheit der Liebe, der Schönheit der Ordnung, der Schönheit der Freude. Ich weiß, daß diese Sehnsucht in mir steckt – ich kann von ihr nicht loskommen. Und ich weiß, daß sie eine gute Sehnsucht ist, eine, die ich zwar leugnen, nie aber ganz ausschalten kann. Wenn die Schönheit keinen Ursprung hätte, dann wüßte ich nicht, wie ich mein Verlangen nach ihr erklären sollte.

Ich erkenne, daß ich ein Fundament erreicht habe, unter das ich nicht weiter hinunterfallen kann. Es gibt einen Gott, und er ist gut. Und ich lebe und habe die Möglichkeit, ihm zu vertrauen oder mich von ihm abzuwenden.

Jetzt begreife ich neu, worum es in einer Beziehung zwischen Gott und mir letztlich geht. Die Frage lautet nicht: «Was will ich mit Gott anfangen?», sondern vielmehr: «Was wird er mit mir tun, mit jemandem, der sich weigert, seiner Güte zu vertrauen?»

In dem Moment, in dem ich diese Frage mit der gebotenen Dringlichkeit stelle, geschieht etwas. Plötzlich erhasche ich einen Blick auf Gottes blendende Herrlichkeit. Was hat er mit mir getan? Er nimmt mich an! Er liebt mich! Dieser Blick gibt mir eine ganz schwache Ahnung von seinem Wesen, und ich weiß, daß seine Güte sich jeglicher Vorstellungskraft entzieht.

Er sieht meine Rebellion, meine Weigerung, ihm zu trauen, die Entschlossenheit, mit der ich mir hier und jetzt eine Stadt bauen will. Er sieht auch, wie leicht sich mein schwacher Wunsch, das Gute zu tun, vom weit stärkeren Verlangen nach dem Bösen überwinden läßt. Und trotzdem liebt er mich! Er hat Mitleid mit mir! Er möchte mich zum Freund!

Während ich so über die Beziehung zwischen Gott und mir nachdenke – die von ihm ausgeht –, regt sich plötzlich neue

Hoffnung. Ich sehe Licht. Der Tunnel ist noch immer dunkel, aber er führt nicht mehr weiter nach unten. Ich spüre, wie ich ohne mein eigenes Zutun hinausgezogen werde. Ich laufe über eine blühende Wiese mit wilden Blumen auf einen Fluß zu, dessen Wasser kristallklar ist, und lasse mich am grünen Ufer nieder.

Die Sonne scheint und wärmt mich, während ein sanfter Wind dafür sorgt, daß es nicht unerträglich heiß wird. Und ich freue mich darüber, daß ich am Leben bin. Es scheint, als würde ich gleichzeitig ausruhen und mich bewegen, ruhen in Christus und auf ihn zugehen, immer weiter fort von dem dunklen Loch, das mich eben noch gefangengehalten hat. Und ich meine, daß ich nie wieder in dieses Loch fallen könnte.

Dann geschieht etwas, vielleicht nur etwas Kleines oder aber etwas Großes. Ein Zahn verliert eine Plombe. Ich erhalte beunruhigende Nachricht über einen Menschen, den ich liebe. Ich bemühe mich, den richtigen Blickwinkel zu behalten, doch er entschwindet. Ich sage mir, daß Gott noch immer gut ist, daß ich ihm vertrauen kann; aber es scheint mir so unwirklich. Plötzlich versinkt das grüne Ufer, und ich stürze wieder ins Dunkel. Wieder ist meine Seele wie betäubt, gemartert, voller Schmerz und Zweifel.

Der Zyklus wiederholt sich; doch die Tiefen sind nicht mehr ganz so tief und die Höhen sind höher. Ich bin gezwungen, mich auf das Fundament zu besinnen: Ist Gott wirklich gut? Glaube ich das? Lebt in mir noch immer der Wunsch, ihm zu folgen? Ist er noch da? Wird er sich von mir finden lassen? Es wird mir immer deutlicher, wie wichtig es ist, ihm zu vertrauen, in seiner Güte zu ruhen, mich gegen die Sünde zu entscheiden.

Manchmal wünschte ich mir, ich könnte mich mit weniger zufriedengeben, einfach ein angenehmes Leben führen, mir die Zähne putzen, die Rechnungen zahlen und meine Steuervorteile nutzen. Doch die Nachfolge verlangt mehr.

Je mehr ich von den wirklich wichtigen Fragen des Lebens erkenne, desto weniger habe ich die Wahl zwischen geistlicher Größe und geistlichem Versagen, vollmächtiger Tiefe und äußerlich polierter Machtlosigkeit. Ich sehne mich danach, ein Mann Gottes zu werden, Christus so gut kennenzulernen, daß man ihn auch durch meine launische, wankelmütige Art hindurch erkennen kann. Mich verlangt nach ihm; manchmal mehr als nach dem Leben selbst. Ich muß ihn von ganzem Herzen suchen; erst dann wird er sich finden lassen. Und erst wenn ich ihn gefunden habe, kann ich mich auch am Leben freuen.

Herr, laß mich dich noch einmal erblicken!

(Ende des Tagebucheintrags)

Die gefallene Struktur wankt

Wir werden einen Blick auf Gott erhaschen, wenn unsere gefallene Struktur ins Wanken kommt und uns nichts anderes reizvoller erscheint, als die Erfüllung unseres Lebens in Gott zu suchen. Doch damit das geschehen kann, müssen wir den Mut haben, dreierlei zu tun.

Zunächst müssen wir uns damit auseinandersetzen, *welche Wirkung wir auf andere Menschen ausüben.* Wenn wir erkennen, wie sehr wir oft auch gerade die Menschen, die wir gern haben, verletzen, dann sollte unser erlöstes Herz bereit sein, darüber Buße zu tun. Wenn unser Einfluß jedoch gut und positiv ist, dann erfüllt uns das mit Freude und weckt in uns den Wunsch, noch mehr zu lieben.

Zweitens müssen wir uns *mit dem Schaden auseinandersetzen, den andere Menschen uns zufügen.* Wenn wir ehrlich zugeben, wie oft wir von anderen enttäuscht wurden, dann beginnen wir zu erkennen, wie sehr all unser Bemühen darauf gerichtet ist, weitere Verletzungen dieser Art zu vermeiden, indem wir uns dem Nächsten nur noch bis zu einem gewissen Grad öffnen und vieles zurückhalten. Aus dieser Erkenntnis wächst ganz neu der Wunsch, umfassender zu leben, freundlich zu sein, auch wenn unsere Freundlichkeit von anderen mit Füßen getreten wird, und mehr aus uns herauszugehen, auch wenn wir manchmal versagen.

Drittens schließlich müssen wir *uns mit unserer Haltung ge-*

genüber Gott auseinandersetzen. Uns scheint, als hätte er uns im Stich gelassen. Wir vertrauen ihm nicht vorbehaltlos. Manchmal macht er uns wütend. Wenn wir zugeben, was wir von Gott halten, sind wir schockiert. Irgend etwas stimmt da nicht. Und es entsteht in uns das Verlangen, ihm wirklich zu trauen, ihn als den guten Gott zu erfahren, der er zu sein behauptet, und in dem Wissen Frieden zu finden, daß er die Güte selbst und immer für uns da ist.

Wir müssen es lernen, die Geschichte unseres Lebens zu erzählen – wie wir auf andere wirken; welchen Schaden andere uns zugefügt haben; was wir von Gott halten – um die sündhaften Verhaltensmuster, die uns noch immer beherrschen, einzureißen. Dazu gehört, daß wir uns auch schmerzlichen Erkenntnissen über uns selbst nicht verschließen. Und wenn wir uns diesen Wahrheiten stellen, dann wächst in uns von neuem das Verlangen, zu lieben, zu leben, anzubeten – ein Verlangen, das der Heilige Geist in unserem Herzen wirkt.

Allzuoft jedoch versuchen wir die häßlichen Aspekte unserer Lebensgeschichte zu ignorieren, oder wir beginnen uns geradezu zwanghaft mit ihnen zu beschäftigen. Beides wird uns nicht zu Gott führen.

Kapitel 16

Die häufigsten Fehler

Wir finden Gott, wenn wir es lernen, seinem Wesen zu vertrauen. Dadurch werden wir stille. Wir müssen nicht mehr darum kämpfen, daß das Leben so verläuft, wie wir es wollen, wir brauchen nicht mehr um besondere Beweise seiner Güte zu bitten. In einer Welt jedoch, in der die Erkenntnis seiner Güte durch so viel Leid und Ungewißheit getrübt wird, ist es nicht leicht, ein solches Vertrauen zu entwickeln.

Bei unserem Versuch, Gott zu finden, neigen wir zu zwei Arten von Fehlverhalten.

1. Verdrängung

Zum einen *bewegen wir uns nur allzugern um unsere Probleme herum* oder verdrängen sie. Einem Mann, der mit homosexuellen Tendenzen ringt, oder einer Frau, die mit Bulimie zu kämpfen hat, sagen wir, sie sollten sich mehr mit Dingen beschäftigen, die Gott zum Mittelpunkt haben. Mehr in der Bibel lesen, noch inbrünstiger beten, das sind jedoch manchmal nur Mittel, den Wirklichkeiten des Lebens aus dem Wege zu gehen, die uns, wenn wir uns ihnen nur stellen würden, zu Gott treiben könnten.

Wir werden Gott nicht finden, wenn wir uns von der häßlichen, schmerzenden Realität um uns herum oder in unserem Inneren distanzieren. Wenn wir die Augen vor dem, was um uns herum geschieht, verschließen, wenn wir einander nie «unsere Geschichte erzählen», dann wird die Nachfolge Gottes auf ein gut organisiertes System von Aktivitäten reduziert, das nur durch stolze Selbstdisziplin in Gang gehalten wird.

Ein Student aus dem Seminar suchte mich auf, weil er Probleme mit Selbstbefriedigung hatte. Ich bat ihn, mir zu erzählen, wie seine Beziehungen zu seinen Mitmenschen aussähen. Ich vermutete, daß er im Umgang mit anderen Menschen sein Mannsein nicht voll zum Ausdruck bringen konnte und darum der sexuellen Versuchung immer wieder so leicht erlag. Wenn er die anderen entweder beherrschen mußte (unechte Männlichkeit) oder ihnen zu leicht nachgab (fehlende Männlichkeit), dann wäre seine männliche Seele im tiefsten Inneren von einem Gefühl der Leere besetzt. Diese Leere würde ihn dazu drängen, nach Erfüllung zu suchen. Doch solange sein unmännlicher Beziehungsstil sich nicht änderte, würde er besonders von solchen Praktiken angezogen werden, die sofortige Erfüllung ohne großes Risiko versprachen. Um den Zwang zum Masturbieren zu überwinden, würde er es lernen müssen, sein Mannsein in die Beziehung mit anderen einzubringen.

Als ich ihn bat, seine Beziehungsmuster zu beschreiben, rechnete ich damit, einen der geschilderten Selbstschutzmechanismen zu entdecken: entweder den Wunsch zu dominieren oder die Tendenz zum Rückzug.

Doch er erwiderte sofort: «Genau das habe ich mir gedacht! Sie wollen mein Seelenleben psychologisch auseinandernehmen, um eine Entschuldigung für meine Sünde zu finden. Dabei sollten Sie mich lieber auf die Bibel verweisen und mir die Stellen erklären, die zur Selbstbeherrschung mahnen und die Selbstbefriedigung als sündhaftes Mittel, sexuelle Energie freizulassen, verurteilen.»

Später erfuhr ich, daß er einer Gruppe angehörte, die mich als unbiblischen Seelsorger bloßstellen wollte. Für ihn hieß biblische Seelsorge, nie über die offensichtlichen Verhaltensmuster in unserem Leben hinauszusehen. Er wollte sich um seine Probleme herumbewegen, um Gott durch vermehrte Disziplin in einem moralisch einwandfreien Leben zu finden.

Wir müssen es lernen, unsere Lebensgeschichte zu erzählen, und zwar die guten Teile ebenso wie die schlechten und die häßlichen, und zu ergründen, wer wir sind – entstellte Ebenbilder Gottes, die in einer Gemeinschaft entstellter Ebenbilder leben, jedoch in der Gegenwart eines unentstellten Gottes, der uns ganz allmählich zurechtbringen will. Wir werden Gott nie finden, wenn wir verdrängen oder verleugnen, wer wir sind und wo wir herkommen. Der Weg zu Gott führt nie um unsere Probleme herum.

2. Versenkung

Wir werden Gott jedoch auch nicht finden, *wenn wir uns in unserer Geschichte verlieren.* Das wäre Fehlverhalten Nr. 2. Die moderne Therapiebewegung ermutigt uns manchmal, diese Sackgasse zu wählen. Wir werden aufgefordert, statt unsere Probleme zu verdrängen, uns ganz in sie hineinzubegeben, uns ihnen zu stellen, uns nichts vorzumachen. Verdrängung wird zur größten Sünde; Ehrlichkeit und Offenheit gelten als absolute Tugenden.

Patricia kämpfte mit ihrer Unsicherheit. Die Folge war, daß sie bereitwillig alles mitmachte, was andere von ihr verlangten, aber nie tat, was ihr selbst Spaß machte. Sie war nervlich am Ende, voller Selbstverachtung und litt unter einer schweren Depression. Ihre Therapiegruppe ermutigte sie, klarere Grenzen zu setzen, öfter einmal nein zu sagen und häufiger zu tun, was sie selbst wollte. Doch sie brachte nicht den Mut auf, diesen Ratschlägen zu folgen. Jemand empfahl ihr eine Einzeltherapie.

Zehn Monate lang verbrachte sie eine Stunde pro Woche damit, jede Verletzung, die sie einmal erlitten hatte, jede Enttäuschung, jede Narbe, die von Mißhandlung zeugte, zu untersuchen. Als sie ihren Vater einmal als jemanden verteidigte, «der versuchte, mich gern zu haben; er wußte nur nicht, wie», bestand der Therapeut darauf, daß sie ihn endlich als den bösen Mann erkannte, der er tatsächlich war, und zugab, wie sehr sie ihn haßte. Ihr konservativer kirchlicher Hintergrund wurde als «Gift» bezeichnet, das sie nur von der eigenen Sündhaftigkeit überzeugte, aber wenig Hilfe anbot. Erinnerungen an sexuellen Mißbrauch durch den Jugendleiter kamen hoch. Sie wurde ermuntert, dieses Trauma in seiner ganzen Tragweite in Gedanken noch einmal zu durchleben.

Die Botschaft der Therapie lautete, daß alles Verdrängte aufgearbeitet werden müßte, damit sie ihre Gefühle frei äußern konnte, und daß erst damit die Grundlage gelegt würde, um wieder Freude zu empfinden.

Wie die meisten Irrtümer beginnt auch dieser mit einer Wahrheit und treibt sie dann zu weit. Wir sollen nicht um unsere Probleme herumgehen; wir müssen uns in sie hineinbegeben, wenn wir Gott finden wollen. Unsere Probleme können jedoch eine solche Faszination bekommen, die Auseinandersetzung mit ihnen kann so belebend wirken, daß wir uns ganz davon gefangennehmen lassen. Wir verlieren das Gleichgewicht. Auch christliche Selbsthilfebücher schildern oft viel detaillierter, was in uns vorgeht, und liefern viel mehr Methoden, wie wir die Mißstände beheben können, als daß sie uns die Taten Christi vor Augen malen.

Die Folge ist, daß wir uns wohl in unsere Probleme *hinein,* aber nie durch sie *hindurch* bewegen. Wir wissen nicht mehr, daß anhaltende Schwierigkeiten – ein schwaches Selbstbewußtsein, Narben sexuellen Mißbrauchs, Einsamkeit – Mittel sein können, mit denen Gott uns näher zu sich und in die Abhängigkeit von ihm ziehen will. Wir argumentieren folgendermaßen: «Ich kann die anderen nicht lieben, ehe ich mich selbst nicht liebe. Ich muß deshalb zunächst daran arbeiten, mich selbst annehmen zu lernen. Ich will Gott glauben, daß er mein angeschlagenes Selbstwertgefühl heilen kann, und wenn er es getan hat, *dann* will ich ihm dienen. Aber ich kann mich nicht einfach über meine Probleme hinwegsetzen und mich um andere kümmern, solange sie nicht gelöst sind. Ein Läufer kann ja auch nicht zum Rennen starten, solange sein Beinbruch nicht geheilt ist.» Die Folge einer solchen Argumentation ist, daß wir in unseren Problemen versinken wie im Treibsand, daß wir uns von ihnen aufsaugen lassen mit einer Ichsucht, die sich als Bereitschaft zu persönlichem Wachstum tarnt.

Wenn wir Gott durch unsere Probleme hindurch suchen wollen, statt sie zu verdrängen und zu umgehen oder in ihnen aufzugehen, dann müssen wir einen anderen Weg einschlagen...

Kapitel 17

Unsere guten Leidenschaften sind zu schwach

Wir finden Gott in dem Maße, wie wir ihn finden wollen. Solange unser Verlangen nach Gott nicht stärker ist als all unser anderes Streben, solange uns nicht mehr daran liegt, ihn als unseren Herrn und Freund kennenzulernen, sondern wir ihn noch immer benutzen, um unseren Willen zu bekommen (wie ein verwöhntes Kind seinen reichen Vater benutzt), solange werden wir ihn nicht in dem Ausmaß finden, in dem er sich eigentlich finden lassen möchte. Er wird uns keinen Blick auf seine Liebe gewähren und uns auch nicht die ruhige Gewißheit schenken, daß er bei uns ist.

Gott möchte jedoch, daß wir ihn finden. Gerade dann, wenn wir nach Jahren der Nachfolge noch immer das Gefühl haben, ihm keinen Schritt nähergekommen zu sein, möchte er sich entdecken lassen. Er spielt nicht Katze und Maus mit uns. Es liegt allerdings in unserem – und in seinem – Wesen begründet, daß wir ihn mehr als irgend jemand oder irgend etwas anderes wollen müssen, ehe wir ihn finden können. «Ihr werdet mich suchen und finden; denn wenn ihr mich von ganzem Herzen suchen werdet, so will ich mich von euch finden lassen» (Jer 29,13–14).

Ein solches Verlangen nach Gott zu entwickeln, ist jedoch nicht einfach. Eine halbe Stunde früher aufzustehen, um mehr Zeit für Gott zu haben, mag helfen; aber damit ist es nicht getan. Unsere Wünsche, selbst unser Wunsch nach Gott, sind so mit egoistischen Motiven durchsetzt, daß auch strenge persönliche Disziplin, religiöse Aktivitäten oder leidenschaftliche Anbetung sie nicht reinigen können.

Mit Gott verhandeln

Wie oft erwarten wir, daß Gott seine Güte auf eine ganz bestimmte Weise zum Ausdruck bringt! Petrus fragte Jesus einmal: «Wir haben alles verlassen und sind dir nachgefolgt; was wird uns dafür gegeben?» (Matth 19,27).

Jesus antwortete mit dem Gleichnis von den Arbeitern im Weinberg. Ein Hausherr stellte Arbeiter ein, die zum normalen Tageslohn in seinem Weinberg arbeiten sollten. Im Laufe des Tages engagierte er noch weitere Arbeiter und versprach ihnen: «Ich will euch geben, was recht ist.» Als er am Abend die Arbeiter auszahlte und allen denselben Lohn gab, ob sie nun eine oder zwölf Stunden gearbeitet hatten, murrten jene, die den ganzen Tag im Einsatz gewesen waren. Der Hausherr erwiderte einem von ihnen: «Ich tue dir nicht Unrecht. Bist du nicht mit mir einig geworden über einen Silbergroschen? Nimm, was dein ist, und geh! ...Oder habe ich nicht Macht zu tun, was ich will, mit dem, was mein ist?»

Jesus macht mit diesem Gleichnis deutlich, wie wichtig es für einen Diener ist, darauf zu vertrauen, daß sein Herr weiß, was er tut. Doch wie Petrus reden auch wir häufig von Vertrauen und wollen doch letztlich verhandeln. Wir glauben wohl, daß Gott jene, die ihn ernsthaft suchen, belohnen wird; aber dann bestehen wir darauf, daß wir unseren Lohn sofort erhalten, und wir wollen Gott auch noch vorschreiben, was wir verdient haben.

Dem Suchen jedoch, das belohnt wird, ist ein solcher Händler- oder Krämergeist fremd. Vielmehr ist es ein leidenschaftliches Vertrauen, das uns zwar kühn genug macht, um alles zu bitten, was unser Herz begehrt, wie Kinder vor Weihnachten, das uns aber gleichzeitig dazu befreit, mit dem zufrieden zu sein, was wir erhalten.

Die guten Leidenschaften stärken

Wenn es um Verlangen oder Leidenschaften geht, dann denken die meisten Menschen sofort an jene starken Triebe in unserem

Inneren, von denen wir oft wünschten, sie seien nicht vorhanden. Lust, Sorgen, Ärger und ähnliches, das sind die Feinde, mit denen wir es zu tun haben, und ihre Macht üben sie aus, indem sie uns lehren, uns wegen der schwierigen Umstände, in denen wir aufgewachsen sind, zu hassen und zu schämen.

Um diesen Trieben zu widerstehen – mit dem Trinken aufzuhören, keine Pornos mehr zu kaufen, keine Wutanfälle mehr zu bekommen –, müssen wir sie, so meinen wir, zunächst abschwächen. Sie scheinen so mächtig, ja geradezu unwiderstehlich, wenn sie uns in ihrem Griff haben. Und wir hoffen, sie würden etwas von ihrer Anziehungskraft verlieren, wenn wir sie nur verstehen und einordnen könnten, und wir suchen außerhalb unserer selbst nach Hilfe, um ihnen zu widerstehen.

Aber vielleicht *sind die negativen Leidenschaften in uns nur deshalb so stark, weil die guten so schwach sind.* Vielleicht sind nicht zu heftige Sehnsüchte unser Problem, sondern zu geringe. Die eigentliche Schwierigkeit der meisten Menschen, auch des nach Sex Süchtigen, des Workaholics und des Opfers von Mißbrauch in der Kindheit, besteht nicht darin, daß wir zu leidenschaftlich an den schlechten Dingen hängen, sondern daß wir den guten nicht leidenschaftlich genug nachjagen.

Wir werden unsere Abhängigkeiten nicht überwinden, wenn wir nach Wegen suchen, sie zu schwächen oder unsere Widerstandskräfte zu mobilisieren. Die Wurzeln homosexueller Triebe freilegen in der Hoffnung, sie würden damit an Intensität verlieren, bringt auf lange Sicht keine Hilfe. Und wer in einer Gruppe Halt und Stärke sucht, gerät oft nur in eine neue Abhängigkeit, diesmal von der Gruppe.

Irgend etwas in unserem Inneren muß freigesetzt werden, das widerstehen *möchte,* anstatt nachzugeben. Wir müssen ein größeres, verlockenderes Ziel haben, das unsere guten Leidenschaften herausfordert. Wenn der Wunsch nach Heiligung attraktiver wird als die Sünde, wenn es uns wichtiger wird, Gott zu erkennen, als uns selbst zu finden, wenn kein Preis zu hoch ist, um die Nähe Jesu erleben zu dürfen, dann werden wir auch die Kraft finden, der Sünde zu widerstehen – weil das Widerstehen nun einen Sinn hat. Dann ist unser Gehorsam ernst gemeint und dient nicht mehr dem Zweck, Gott zu manipulieren. Dann wird auch an unserem Leben deutlich, daß es nicht darum geht, etwas aufzugeben, sondern etwas zu gewinnen.

Jesus hat versprochen, sich den Menschen zu offenbaren, die ihre Liebe im Gehorsam zum Ausdruck bringen (Joh 14,21). Wir müssen also gehorchen, wenn wir Christus in unserem Leben erfahren wollen. Doch dieser Gehorsam ist keine lästige Pflicht; er ist eine Freude, ein Vorrecht, eine Antwort auf die tiefsten Sehnsüchte unseres Herzens. All jenen, die froh diesen Weg des Gehorsams gehen, offenbart sich Christus in seinem strahlenden Licht, das alle niedrigeren Wünsche verblassen läßt.

Hackfleisch gegen Filet Mignon

Im Leben der meisten Menschen jedoch führt Christus ein Schattendasein, und etwas anderes steht im Rampenlicht. Die jämmerliche, gefallene Struktur – unser Hang, an Gottes Güte zu zweifeln – hat unseren Appetit auf das wirklich Gute verdorben. Wir verlassen uns auf uns selbst und haben damit quasi die wichtigsten Nervenenden abgeschnitten. All jene Dinge, die uns echte Freude und Erfüllung bringen könnten, langweilen uns, und statt dessen suchen wir begierig nach niedrigeren und oft sündigen Vergnügen.

Eine Einladung zu einer exklusiven Party schmeichelt uns mehr als die Einladung zum Gebet. Die Gesellschaft bestimmter Menschen erfreut uns mehr als die Nähe Gottes. Wenn Freunde uns nicht beachten, dann kränkt uns das mehr, als wenn wir die Gemeinschaft mit Christus verlieren. Einen besser bezahlten Job zu erhalten, freut uns mehr, als uns von Gott gebrauchen zu lassen, um anderen zu helfen.

Irgend etwas ist völlig verdreht. Es ist, wie wenn einem Menschen bei der Erwähnung von Hackfleisch das Wasser im Munde zusammenläuft, seine Geschmacksnerven aber auf Filet Mignon nicht reagieren.

Daß wir den Appetit auf all die guten Dinge verloren haben, für die Gott uns eigentlich bestimmt hat, ist der tragischste Beweis für die gefallene Struktur. Die Freude am Geben ist durch das Vergnügen am Nehmen ersetzt worden. Daß wir uns nicht mehr bedroht fühlen müssen, sondern uns am Leben freuen, daß wir uns einbringen und mitteilen dürfen, ganz egal, wie wir selbst behandelt werden, das bewegt uns weniger als der Wunsch, uns vor Angriffen auf unsere Persönlichkeit zu schützen und unseren Wert inmitten einer erniedrigenden Welt zu behaupten. Und die bloße Freude darüber, als ganz und gar angenommene Menschen vor Gott stehen zu dürfen, hat weniger Reiz als der Versuch, unser Leben selbst in den Griff zu bekommen. Statt Gott zu suchen, ziehen wir es vor, die Ängste unseres Lebens selbst zu bewältigen, wir jagen nach Geld und nach Freunden und zeigen unsere Wut auf einen Gott, dem man doch nicht trauen kann, indem wir selbstherrlich auf uns selbst bauen.

Irgendwie haben wir die Leidenschaften, die uns am stärksten beherrschen sollten, abgetötet und lassen uns von den schwächeren regieren.

Ein Ehepaar gerät in Streit. Was ist ihm dabei am wichtigsten? Gott zu suchen und dem Partner gegenüber etwas von seinem Wesen widerzuspiegeln? Oder wollen sie Recht behalten, Spannungen abbauen oder herausfinden, wie sie die Ursache des Streits beheben können?

Eltern entdecken, daß ihr halbwüchsiger Sohn Marihuana raucht. In welche Richtung gehen ihre Überlegungen? Vertrauen sie auf Gott und versuchen sie ihrem Sohn in der Kraft dieses Vertrauens zu begegnen? Oder quälen sie sich mit Selbstvorwürfen, weil sie als Eltern versagt haben, und entwerfen einen Schlachtplan, um ihren Sohn den negativen Einflüssen zu entziehen?

Eine Frau fällt in eine tiefe Depression, die ihr jede Lebensfreude raubt. Welches Ziel bestimmt ihr Verhalten? Sucht sie Gott, und will sie ihm weiterhin dienen, ganz egal, wie jämmerlich sie sich fühlt? Oder sucht sie einen Arzt, der die Depression mit Medikamenten oder einer Therapie bekämpfen kann? – Warum ist unser Hunger nach Gott so viel schwächer als unser Appetit auf Lösungen unserer Lebensprobleme? Wenn Gott so gut ist, wie er zu sein behauptet, und wenn die tiefste Freude unserer Seele davon abhängt, daß wir ihn kennen, dann sollte in jeder Situation unser erster Gedanke sein, ihn zu suchen. Aber das ist nur selten der Fall.

Planung ist alles

Nichts läßt uns so schnell den richtigen Blickwinkel verlieren wie Leid und Schmerz, und nichts hindert uns so sehr daran, dies zu erkennen, wie ein Leben, in dem alles glatt läuft. Wir meinen, wenn wir uns selbst nach Kräften bemühen, dann sei Gott geradezu verpflichtet, uns auch weiterhin zu segnen.

Wenn unser größtes Verlangen darauf gerichtet ist, unsere Probleme zu lösen, dann suchen wir allerdings eher nach einem Plan, den wir befolgen, als nach einer Person, der wir vertrauen können. Wir lesen die Bibel und christliche Bücher, besuchen Seminare und lauschen Vorträgen und Predigten, um einen Plan zu finden, den wir in die Tat umsetzen können. Wie unsere Vorfahren, die aus der Bewegung der Sterne ihr Schicksal abzulesen versuchten (um dann nach Möglichkeit korrigierend einzugreifen), so bitten wir Gott, den Entwurf für ein besseres Leben vor uns auszurollen, und engagieren einen Spezialisten, der uns bei der Deutung helfen kann.

Doch wer das Leben eine Weile ehrlich betrachtet, der beginnt sich zu fragen, ob es einen solchen Plan gibt. Statt dessen entdeckt er immer mehr Hinweise darauf, daß die üblichen Ratschläge nichts nützen, auch die christlichen nicht. Was wir als Versprechen von Gott auffaßten, wird nicht eingehalten. Kommunikationstechniken, die wir in einem christlichen Seminar über Beziehungskonflikte eingeübt haben, beseitigen die Spannungen in unserer Ehe nicht, und auch das Befolgen der biblischen Prinzipien über veranwortliche Haushalterschaft kann unsere finanziellen Probleme nicht lösen.

Es gibt keine Garantie dafür, daß das Leben so funktioniert, wie wir es uns wünschen. Gott hat uns die biblischen Prinzipien nicht gegeben, damit wir uns das Leben damit nach unserem Geschmack einrichten können, sondern damit wir erkennen, wie er sich unser Leben vorstellt. Was geschieht, wenn wir seinen Weisungen folgen, ist seine Sache. Manchmal erfahren wir direkten Segen. Manchmal nicht. Doch erst wenn wir die Hoffnung auf alle verheißungsvollen Erfolgsversprechungen aufgeben, werden wir es lernen, auf einen Gott zu hoffen, dem wir auch dann noch vertrauen können, wenn das Leben uns völlig sinnlos erscheinen will.

Der Glaube an die Machbarkeit

Wir können das Leben auf zweierlei Weise angehen. Wir können entweder an die Möglichkeit des Machbaren glauben und versuchen, selbst zurechtzukommen, oder wir können uns der Tragik und dem Chaos des Lebens stellen und uns jemandem anvertrauen, der größer ist als das Chaos, dessen Güte alle Tragik überwindet, jemandem, dem unendlich an uns liegt.

Der Glaube an die Machbarkeit aller Dinge ist nur schwer kleinzukriegen. Wir fürchten uns davor, verletzlich zu erscheinen. Wir wollen die Dinge, die uns am wichtigsten sind, im Griff haben können. Unsere Kinder, wichtige Beziehungen, unsere Gesundheit, das Bankkonto. Ärgerlich weigern wir uns zu glauben, daß das Leben eher chaotisch als überschaubar ist; wir wollen nicht wahrhaben, daß die einzige Möglichkeit zu überleben, und zwar fröhlich zu überleben, darin besteht, uns jemandem anzuvertrauen, der stärker ist als wir.

Und wenn das Leben so läuft, wie wir es uns wünschen, dann ist es fast unmöglich, einer perfiden Form des Stolzes zu widerstehen. «Es gibt eine Ordnung, und ich habe sie gefunden und befolgt. Ich danke Gott, daß ich nicht so bin wie die anderen, die einfach nicht so leben, wie sie es sollten.» Eltern, deren erwachsene Kinder gut geraten sind, sehen vielleicht etwas abschätzig auf jene herab, deren ledige Tochter schwanger ist.

Zerbrochene Träume allerdings bieten uns die einzigartige Gelegenheit, unsere Meinung über die Vorhersehbarkeit des Lebens zu revidieren. Wenn auch ernsthafteste Bemühungen, das Richtige zu tun, nicht die gewünschten Ergebnisse zeitigen, dann verlieren wir den Glauben an die Machbarkeit aller Dinge. Manchmal zwar suchen wir die Schuld bei uns selbst und werfen uns vor, Gottes Plan nicht in der rechten Art befolgt zu haben, doch selbst wenn wir uns verurteilen, beginnen wir zu erkennen, daß auch ein gutes Leben nicht zum gewünschten Ziel führt.

Und diesem Gedanken sollten wir durchaus etwas nachhängen. Ein verantwortliches Leben, obwohl wichtig, sollte nicht unser höchstes Ziel sein. Gute Führung wird nicht immer belohnt. So einfach liegen die Dinge nicht. Wenn dann noch unerwartete Probleme auftauchen, die sich nicht durch früheres Versagen erklären lassen, dann verlieren wir das Vertrauen in unsere Fähigkeit, das Leben in den Griff zu bekommen. Wir versinken in einem tiefen Sumpf, in dem das Vertrauen auf Gott zu unserer einzigen Hoffnung wird. Das erklärt vielleicht, warum ein echtes Verlangen nach Gott am besten in dunklen Stunden wächst.

Oberste Priorität

Doch nichts ist wichtiger als dieses Verlangen, wenn wir klug und verantwortungsbewußt mit den Problemen unseres Lebens umgehen wollen. Unser oberstes Ziel lautet nicht, Gott für die Lösung unserer Probleme zu benutzen, sondern die Probleme zu benutzen, um Gott zu finden. Wir brauchen ein Vertrauen, das uns auch dann an Gott festhalten läßt, wenn die Schwierigkeiten nicht aufhören. Und ein solches Vertrauen kann sich erst da entwickeln, wo das Vertrauen in unsere eigenen Methoden und Strategien zunichte gemacht wurde. Deshalb dürfen wir anhaltende Schwierigkeiten, die uns in Frage stellen, durchaus begrüßen.

Gott schämt sich, als Gott von Menschen zu gelten, die all

ihre Energien darauf richten, in dieser Welt Befriedigung zu suchen, die die Verheißung auf ein besseres Leben auf die leichte Schulter nehmen und nur für das Hier und Heute leben. Er schämt sich nicht, als Gott jener zu gelten, die sich zwar hier schon an allem Schönen freuen, sich aber weigern, hier ihre Stadt zu bauen; die sich nach einer besseren Heimat in einem anderen Land sehnen; die bereit sind, mit ungestillten Sehnsüchten zu leben, ohne nach Linderung zu fragen, und die dankbar dafür sind, Gott in einer feindlichen Welt dienen zu dürfen, bis sie einmal in seiner ewigen Stadt zur Ruhe kommen werden (siehe Hebräer 11, besonders Verse 13–16).

Unser Verlangen nach Gott ist zu schwach. Gott offenbart sich den Menschen, denen mehr daran liegt, ihn zu finden, als irgend etwas anderes. Die wichtigste Frage lautet also nicht: «Wie kann ich meine Probleme lösen?», sondern: «Wie kann ich ein so brennendes Verlangen nach Christus erfahren, daß alles andere zweitrangig wird?»

Kapitel 18

Gute und böse Leidenschaften: Wie reißen wir sie ein, wie setzen wir sie frei?

Wir müssen zurückfinden zu einem leidenschaftlichen Verlangen nach Gott – oder wir werden nie wirkliches Leben erfahren. Statt dessen werden die Kirchen weiterhin voller ordentlicher, tugendhafter Christen sein, die nur wenig von der Freude einer Begegnung mit dem Übernatürlichen verspüren und deren Leben sich von dem ihrer nichtchristlichen Umgebung zwar unterscheidet, aber nicht sonderlich anziehend wirkt. Was aber können wir tun, damit Gott sich uns so weit offenbart und wir vom Verlangen nach Christus verzehrt werden?

Wir müssen einen Weg finden, um die negativen Leidenschaften, die uns nur allzuoft beherrschen, zu zerstören und die guten Leidenschaften, die in uns schlummern, freizusetzen. Wenn wir diesen Weg einschlagen und ihn nicht wieder auf eine praktische Formel reduzieren wollen, die Gott verpflichtet, zu tun, was wir erwarten, müssen wir verstehen, wie diese Leidenschaften funktionieren – die guten wie auch die schlechten. Ich will das an vier Punkten zeigen.

1. Schlechte Leidenschaften sitzen tief.

Schlechte Leidenschaften sind in all unseren Bemühungen, das Leben zu bewältigen, fest verankert und werden leicht ausgelöst. Deshalb verbringen wir auch die meiste Zeit damit, sie entweder zu bekämpfen oder ihnen nachzugeben. In jedem Fall aber beherrschen sie uns.

Schon der kleinste Anlaß genügt, um die heftigsten Gefühle wachzurufen. Ein abschätziger Blick unseres Ehepartners, ein spöttischer Unterton in der Stimme eines Gegenübers bringen uns sofort in Rage oder erfüllen uns mit Angst und Selbsthaß. Schreckliche Empfindungen steigen auf wie aus dem Nichts, und sie erscheinen unwiderstehlich. Sie gewinnen Gewalt über unser Leben und regieren uns wie ein verhaßter Tyrann.

In uns brodelt der Zorn, wir kochen vor Eifersucht und brennen vor Lust. Wir verachten diese Gefühle, doch eigenartig, gleichzeitig finden wir Wege, sie zu nähren. Anderen gegenüber tun wir so, als sei alles in Ordnung, und halten die Fassade aufrecht, während wir innerlich vor Haß kochen. Aber wir wissen nicht, was wir sonst tun könnten.

Dann stoßen wir zufällig auf ein Verhaltensmuster, das den Aufruhr in unserem Inneren besänftigt und uns, wenigstens einen Augenblick lang, ein wunderbares Gefühl der Ruhe und Zufriedenheit und Erfüllung erleben läßt. Vielleicht haben wir in der Schule, auf dem Sportplatz, in der Jugendgruppe oder in der Disco eine besondere Leistung erbracht und erhalten plötzlich die gebührende Anerkennung. Vielleicht masturbieren wir das erste Mal beim Durchblättern eines Pornohefts. Oder wir nehmen die zweite Portion vom Nachtisch, um den Ärger auf unseren Partner hinunterzuschlucken.

Ein Gefühl der Freude durchzuckt uns, und wir halten diese Erfahrung fälschlich für das richtige Leben. Wir fühlen uns plötzlich lebendig, glücklich, voll neuem Tatendrang; endlich frei, wir selbst zu sein. Wir sind getröstet, weil es anscheinend doch noch Freude gibt, und wir fühlen uns sicher, weil wir meinen, wir besäßen die Kontrolle. Dieses Muster wird zur Quelle aller guten Erfahrungen. Wir brauchen es, um den bohrenden Schmerz, der uns nie ganz verlassen will, zu betäuben.

Im Laufe der Jahre jedoch gewinnt es immer mehr Macht über uns. Wir brauchen jetzt den Erfolg, wir geraten in sexuelle Abhängigkeiten, oder wir opfern gute Beziehungen, um unserem Eßzwang frönen zu können. Fest entschlossen, das Gefühl, lebendig zu sein, aufrechtzuerhalten, gehen wir allem aus dem Weg, was uns bedrohlich erscheint. Manche (normalerweise Menschen, die schwer mißbraucht wurden) spalten ihre Persönlichkeit in verschiedene Elemente, von denen jedes dazu bestimmt ist, einen Teil ihres Wesens in einem bestimmten zerstörerischen Umfeld zu bewahren. Das Verhaltensmuster, das einmal Leben (oder zumindest einen Abglanz davon) zu verheißen schien, mag sich zu sexuellen Abweichungen auswachsen, zu erstarrter Frömmigkeit, zu einem unstillbaren Bedürfnis nach Perfektion oder auch zu einer ernsten psychischen Störung.

Irgendwann kommen wir an den Punkt, an dem wir unser Lebensmuster als Problem erkennen. Es funktioniert nicht mehr so wie früher. Wir spüren, daß irgend etwas nicht in Ordnung ist. Wir rufen nach Hilfe. Doch wir verlangen nach Hilfe, um das Problem zu überwinden, das sich unserem Glück in den Weg stellt. «Wenn ich meine sexuellen Triebe nur besser beherrschen könnte» oder «Wenn ich mich nur nicht immer so negativ sehen würde» oder «Wenn ich doch nicht immer so müde wäre» – *dann* wäre das Leben schön.

Wir setzen alles daran, unsere Probleme zu lösen, und bedienen uns dabei aller zur Verfügung stehenden Mittel (auch Gottes). Das hält uns beschäftigt, doch gleichzeitig hält es uns davon ab, Gott selbst zu suchen. Statt uns länger solchen Lebensmustern hinzugeben, die uns Probleme schaffen, suchen wir nun nach Lebensmustern, die Probleme überwinden. Doch im Herzen drehen wir uns immer noch um uns selbst. Es geht uns mehr darum, uns am Leben freuen zu können, als den Einen besser kennenzulernen, der das Leben ist. Wir haben die gefallene Struktur nicht zerstört; wir haben lediglich eine schlechte Leidenschaft durch eine andere ersetzt.

Jede Leidenschaft, die uns soweit beherrscht, daß wir das Leben überall suchen, nicht aber in der Erkenntnis Gottes, die aus dem Gehorsam erwächst, ist eine Frucht unserer gefallenen Struktur. Die Frucht der göttlichen Struktur ist radikal anders. Wenn Gottes Geist in uns freie Bahn bekommt, dann werden edle Leidenschaften in uns freigesetzt, die uns zum Ursprung alles Guten hinziehen.

Weil wir jedoch an Gottes Güte zweifeln, erlauben wir uns nur das zu wünschen, worüber wir die Kontrolle haben können. Sexuelles Vergnügen zum Beispiel ersetzt die Freude daran, uns anderen Menschen voller Liebe und vorbehaltlos zu öffnen.

Die schlechten Leidenschaften werden uns beherrschen, bis wir es lernen, auf Gottes Güte zu vertrauen. Der Zweifel muß dem Glauben Platz machen. Wir müssen etwas tun, um die Leidenschaften, die uns so fest im Griff haben, zu zerstören. Sie sitzen tief. Das war der erste Punkt. Der zweite ist etwas mutmachender.

2. In jedem Christen schlummern gute Leidenschaften, die darauf warten, freigesetzt zu werden.

Jeden erlösten Menschen drängt es zu sehen, daß auch andere Menschen heil werden. Er möchte «zunehmen», damit er mehr geben kann, und er möchte es lernen, jemanden anzubeten, der sowohl mächtig als auch gut ist. Doch diese edlen Leidenschaften werden erstickt von dem Verlangen, selbst mit dem Leben fertig zu werden, ohne Gott völlig vertrauen zu müssen. Wir suchen nach Wegen, um uns selbst zu heilen, wir setzen uns durch und erreichen auch unsere Ziele. Die Folge ist natürlich, daß unsere edlen Leidenschaften im Winterschlaf verharren.

Doch sie sind noch immer da, schlafend vielleicht, aber sie sind nicht verschwunden. Die Fähigkeit, sich nach all dem Guten zu sehnen, das uns in Gottes Nähe zieht, kann einem Herzen, in dem der Geist Gottes wohnt, nie verlorengehen. Wir können sie allerdings unterdrücken. Ich will das an einem Beispiel veranschaulichen.

Sarah war seit fünf Jahren verheiratet. Wenn ihr Mann sie lieben wollte, schloß sie die Augen. Sie war in ihrer Kindheit über Jahre hinweg mißbraucht worden, und alle Hoffnung darauf, daß jemand sie wirklich lieben konnte, war ihr verlorengegangen. Wenn sie die Augen schloß, so schützte sie sich damit davor, in den Augen ihres Mannes womöglich Anzeichen egoistischer Lust zu sehen. Sie konnte seine Annäherungen ertragen, wenn sie alle Gedanken daran, wie sehr sie sich nach seiner echten, unverfälschten Liebe sehnte, abblockte.

An einem Punkt der Therapie forderte ich sie auf, ihrem

Mann, wenn er sie das nächste Mal küssen wollte, in die Augen zu sehen. Sie schluckte und erwiderte voller Panik: «Sie verlangen zu viel!»

«Überlegen Sie einmal, was Sie sich für Ihre Beziehung am meisten wünschen», entgegnete ich. «Sicher wollen Sie mehr, als lediglich nicht mehr erleben zu müssen, wie Sie mißbraucht werden. Sie wollen auch geliebt werden und selbst lieben. Sie wollen eine warmherzige, sichere Frau sein, die sich von ihrem Mann geliebt weiß, der selbst wiederum durch seine Frau ermutigt wird. Wenn Sie die Augen schließen, schließen Sie damit nicht nur all das aus, was Sie fürchten, sondern auch all das Gute, das Sie sich so sehnlichst wünschen. Jedesmal, wenn Sie die Augen schließen, verschließen Sie sie auch vor der Möglichkeit, Gott als wirklich zuverlässig und vertrauenswürdig zu erleben, und gleichzeitig verpassen Sie eine Gelegenheit, Ihren Mann wirklich glücklich zu machen, indem Sie sich ihm ganz hingeben.»

Später berichtete Sarah mir, es sei die schrecklichste und auch die schönste Erfahrung ihres Lebens gewesen, beim Küssen die Augen aufzubehalten – bis sie sie auch beim Geschlechtsverkehr offenließ. Das sei noch furchtbarer gewesen, habe ihr aber gleichzeitig den Zugang zu nie erlebter Freude eröffnet.

Weil uns das Vertrauen zu Gott fehlt, tun wir so, als wären die tiefsten Sehnsüchte unseres Herzens (nämlich Gott gleich zu sein) nicht wirklich vorhanden und als könnten uns weit geringere Dinge bereits glücklich und zufrieden machen. Wir bekämpfen die edleren Leidenschaften, weil sie uns, wenn wir Gott nicht vertrauen, nur vor Augen führen, wie jämmerlich unsere Lage ist. Wir sollten diesen Leidenschaften, die uns entweder in die absolute Verzweiflung treiben müssen oder zu einem fest begründeten, freudigen Vertrauen, nicht länger ausweichen.

Edle Leidenschaften werden nur selten erregt; und manchmal verwechseln wir sie sogar mit ihrem Gegenteil. Das bringt mich zu meinem dritten Punkt.

3. Böse Leidenschaften können sich als gute tarnen.

Ein Ehemann, der alles versucht hat, um eine kalte Ehe wiederzubeleben, mag sich, wenn er scheitert, hinter eine Fassade genügsamer Geduld zurückziehen. «Ich weiß wirklich nicht, was mit ihr los ist. Ich habe getan, was ich konnte. Jetzt hilft nur noch Beten.» Aber eine Liebe wie die Liebe Christi, wahrhaft echt und uneigennützig, gibt niemals auf. Sie läßt sich durch nichts, auch nicht durch drohende Konflikte, darin aufhalten, sich gerade dem Menschen zu offenbaren, der sie zurückweist.

Einsame Menschen, die zuviel essen, mögen sich ihrem zwanghaften Hunger vielleicht ausgeliefert und unterlegen vorkommen: «Irgend etwas, das stärker ist als ich, treibt mich zu essen. Ich kann mir schon gratulieren, wenn ich es von einer Mahlzeit zur anderen schaffe, ohne zwischendurch zu viel in mich hineinzustopfen.» Es ist ganz natürlich, sich mit den eigenen guten Absichten zu trösten oder sich als Opfer von Trieben zu sehen, über die man keine Macht hat. Doch als der Apostel Paulus in sich den Drang spürte, Dinge zu tun, die er wirklich nicht tun wollte, da suchte er nicht nach Wegen, um seine Selbstachtung aufzupolieren. Statt dessen erkannte er, welch ein elender Mensch er war, und bat Gott um Vergebung und Kraft (Rö 7,24–25).

Der bewußte Entschluß, Gott zu gefallen (indem man den Kindern liebevoll begegnet, sich nicht von einem abweisenden Ehepartner abwendet, sich vornimmt abzunehmen), ist nur der erste Schritt. Doch wenn ich weitergehe und die guten Leidenschaften immer mehr Raum in mir gewinnen, dann kann es auch sein, daß ich die Macht der bösen Leidenschaften auf einmal viel stärker spüre als früher, als sie mich noch beherrschten. Und damit komme ich zu meinem letzten Punkt.

4. Böse Leidenschaften sprechen oft die Sinne stärker an, doch gute Leidenschaften sind attraktiver.

Es kann durchaus sein, daß wir vom Verlangen nach Gott *beherrscht* werden, die bösen Leidenschaften aber viel stärker *spüren.* Doch was uns wirklich beherrscht, mißt sich nicht daran, welche Gefühle stärker sind, sondern welchen wir *gehorchen.*

Wir sollten nicht zu streng mit uns ins Gericht gehen, wenn Lust oder Eifersucht stärker zu sein scheinen als unser Verlangen nach Gott. Die Freude an der Sünde spricht unsere Gefühle ganz direkt an, und sie überlagert den Schmerz. Die Freude an Gott nimmt im Lauf der Zeit ganz allmählich zu und geht normalerweise mit Leid einher. Sinnliche Freude (Fühle ich mich wohl?) ist kein verläßlicher Maßstab dafür, ob unser Lebensstil von Gott geprägt ist. Wachsende, reifende Menschen fühlen sich manchmal ganz jämmerlich (Hos 5,15).

Biblische Bilder – nach Gott lechzen, Gott *schmecken,* vom lebendigen Wasser *trinken,* Brot des Himmels *essen* – machen es jedoch klar, daß die Suche nach Gott nichts Theoretisches ist. Es geht um mehr, als nur gewisse Wahrheiten über Gott zu begreifen; wir sollen ihm begegnen, wie eine Braut in der Hochzeitsnacht ihrem Bräutigam begegnet. Gott finden ist auch ein gefühlsmäßiges, ein sinnliches Erleben.

Doch bis wir Christus in Person begegnen, kann es uns scheinen, als seien unsere natürlichen Lüste und Ängste dringender und zwingender. Wir sollten jedoch keine Schuldgefühle haben, wenn wir wegen Problemen an der Arbeit nicht schlafen können – vorausgesetzt, wir weigern uns, die Überwindung unserer Sorgen und der Schlaflosigkeit zum obersten Ziel zu machen.

Das Leben kann hart sein. Auch fromme Menschen bleiben von dieser Erkenntnis nicht verschont. Aber wir sollen uns nicht auf sündige Maßnahmen, wie zum Beispiel unmoralische Phantasien, verlassen, um unsere Nerven zu beruhigen.

Wenn die schlechten Leidenschaften die Oberhand gewinnen wollen, dann müssen wir uns daran erinnern, daß Gott uns mit der Aussicht darauf locken will, ihn kennenzulernen, und daß er Bereiche unserer Seele anspricht, die auf niedrigere Vergnügen nicht reagieren können. Und diese Bereiche sind ausschlaggebend dafür, wer wir als Christen wirklich sind.

Gottes Methode, uns näher zu sich zu ziehen, besteht darin, daß er zunächst die gefallene Struktur in uns zum Einsturz bringt. Dazu läßt er uns die Angst und den Schmerz, die wir mit dieser Struktur überwinden wollten, in aller Deutlichkeit spüren. Doch dann lockt er uns mit der Hoffnung darauf, in ihm die Erfüllung all unserer wahren Sehnsüchte zu finden.

Gott bringt etwas zum Einsturz, und er lockt uns; er zeigt uns seinen Zorn gegen die Sünde, aber auch seine Güte, die absolut vertrauenswürdig ist, und zwar *mitten in unserem Leben.* Er erwartet nicht, daß wir uns erst waschen und scheuern, ehe er sein Werk beginnen kann. Ganz im Gegenteil. Wenn wir ehrlich betrachten, was in unseren Beziehungen geschieht, wenn wir den tiefen Schmerz unserer Seele zugeben und erkennen, zu welchen Strategien wir Zuflucht nehmen, um uns vor diesem Schmerz zu schützen, und wenn wir unsere Zweifel an Gottes Güte ehrlich bekennen, dann erkennen wir plötzlich, welche häßlichen Leidenschaften uns eigentlich regieren, und wir spüren den tiefen Durst, der uns zu Christus treiben will.

Unsere Aufgabe in diesem Prozeß ist es, einander die Geschichte unseres Lebens zu erzählen, im Bewußtsein von Gottes Gegenwart.

Sehen Sie sich einmal das Diagramm auf Seite 184 an und denken Sie an die in Teil II beschriebene gefallene Struktur. Ihre sechs Elemente lassen sich in drei Erfahrungsbereiche unterteilen, drei Teile der Geschichte unseres Lebens.

Die vierte und fünfte Ebene («Ich will überleben» und «So werde ich es schaffen») beschreiben unsere gegenwärtige Geschichte, unser Verhalten in unseren Beziehungen.

Auf der ersten, zweiten und dritten Ebene («Ich brauche dich», «Ich hasse dich» und «Ich hasse mich») geht es um unsere innere Geschichte, darum, wie wir uns gegen das Unrecht, das andere uns zufügen, zu wehren versuchen, also um unser selbstgewähltes Schmerzmittel.

Und das Fundament («Ich zweifle an Gott») offenbart etwas von unserer innersten Geschichte, unserem Verhalten gegenüber Gott.

Um inmitten und trotz unserer Probleme Gott finden zu können, müssen wir die Geschichte unseres Lebens erzählen, müssen darüber unruhig werden, wie leicht wir uns mit den einzelnen Elementen unserer gefallenen Struktur zufriedengeben, und diese Unruhe muß in unserem Herzen eine tiefe Sehnsucht nach Gott wachrufen.

Die gefallene Struktur	**Drei Erfahrungsbereiche**	**Die Geschichte unseres Lebens**	
Ebene fünf Ebene vier	So werde ich es schaffen! Ich werde überleben!	Verhalten in Beziehungen	Unsere gegenwärtige Geschichte
Ebene drei Ebene zwei Ebene eins	Ich hasse mich Ich hasse dich Ich brauche dich	Selbstgewähltes Schmerzmittel	Unsere innere Geschichte
Fundament	Ich zweifle an Gott	Verhalten gegenüber Gott	Unsere innerste Geschichte

Kapitel 19

Unsere Geschichte

Ich kämpfe mit einem Problem, über das ich bislang nur mit einem einzigen Menschen gesprochen habe. Weil dieser Mensch mich trotz meines Problems nicht ablehnt, sondern akzeptiert und annimmt, ist zwischen uns ein enges Gefühl der Verbundenheit entstanden. Mit verschiedenen anderen Personen habe ich über eine Vielzahl anderer, sehr persönlicher Probleme gesprochen, für die ich mir von ganzem Herzen eine Lösung wünschte, bislang ohne Erfolg.

Es erscheint so schrecklich einleuchtend, daß das Beste, was ein anderer für mich tun könnte, darin bestünde, mit mir nach einer Lösung für meine Probleme zu suchen.

Gestern saß Anna in meiner Praxis und weinte, als sie mir ihre Ehe schilderte. Richard ist ein grausamer, nachtragender Ehemann, der seine vernichtende Macht in freundliche Worte kleidet, die Anna im tiefsten Inneren verletzen. Mit selbstgerechtem Eifer verteidigt er sein autoritäres, böswilliges Regiment als seine Art, im biblischen Sinne das Haupt über seine rebellische Ehefrau zu sein. Natürlich ist Anna nicht ganz unschuldig; doch ihr Herz ist offen für das Wirken des Heiligen Geistes. Richards Herz ist das, soweit ich es beurteilen kann, nicht.

Wenn meine Tochter mit diesem Mann verheiratet wäre, würde ich alles tun, was in meiner Macht stünde, um eine Änderung der Situation herbeizuführen. Könnte es denn etwas Wichtigeres geben, als einen Ausweg aus den täglichen Angriffen zu suchen, denen Annas ohnehin schon angeschlagene Seele ausgesetzt ist? Es erscheint so schrecklich einleuchtend, daß das Beste, was ein anderer für sie tun könnte, darin bestünde, bei ihrem Mann eine Änderung zu bewirken oder sie zu ermutigen, ihn zu verlassen.

Die neunundzwanzig Ehejahre von Marilyn und Roger waren nicht einfach: häufige Spannungen, chronischer Geldmangel, Glaubenskämpfe und durch seine Arbeit bedingte regelmäßige Zeiten der Trennung. Dann bot sich die Chance eines Neuanfangs. Es schien alles so gut zueinander zu passen. Es war, als würden sie sich ganz neu ineinander verlieben. Er fand eine Stelle, bei der er nur wenig reisen mußte, für die er aber besser bezahlt wurde als je zuvor. Eines Nachts, als er seine Frau in den Armen hielt, weinte er vor Glück und sagte: «Gott ist so gut. Ich habe seine Nähe nie so deutlich gespürt wie jetzt.» Zwei Stunden später erlag er einem Herzinfarkt.

Es erscheint so schrecklich einleuchtend, daß das Beste, was man diesem Ehepaar hätte tun können, darin bestanden hätte, ihnen noch ein paar glückliche, gemeinsame Jahre zu schenken.

An einem Mittwochabend nach der Chorstunde ging Carol, eine ledige Frau mittleren Alters, allein zu ihrem Wagen auf dem Parkplatz beim Gemeindehaus. Ein sechzehnjähriger Junge löste sich aus dem Schatten, nötigte sie mit vorgehaltener Waffe ins Auto, ließ sie an einen verlassenen Platz in den Wäldern fahren und zwang sie in den nächsten vierundzwanzig Stunden zu den übelsten und perversesten sexuellen Praktiken. Dann verließ er das Auto und machte sich aus dem Staub.

In der Praxis eines Therapeuten wurde sie zwei Tage später aufgefordert, die Schrecken jenes Tages noch einmal zu durchleben, indem sie alles, was geschehen war, mit geschlossenen Augen vor sich ablaufen ließ, sich aber gleichzeitig vorstellte, Jesus sei bei ihr. Die Methode sollte dazu dienen, Carols Erinnerung zu heilen. Statt dessen jedoch verlor Carol sofort die Beherrschung und schrie: «Das ist es ja gerade. Ich glaube ja, daß er dabei war. Aber warum hat er nicht eingegriffen?»

Es erscheint so schrecklich einleuchtend, daß das Beste, was jemand für Carol hätte tun können, darin bestanden hätte, sie zum Parkplatz zu begleiten.

Gott hat die Macht, meinen Kampf zu beenden, Annas Mann zu verändern, Herzinfarkte aufzuschieben und die Angriffe sexuell verirrter junger Männer, die sich in irgendwelchen Büschen verstecken, zu verhüten. Doch kümmert er sich um solche Dinge? Ist er gut?

Marilyn ist jetzt Witwe. Jeder Tag erinnert sie unbarmherzig daran, daß sie allein ist, und unbeantwortete Fragen zerren an ihrer Seele. Carol kann den quälenden Erinnerungen nicht entrinnen, noch sich ganz von den unauslöschlichen Narben erholen. Beide Frauen haben sich an Gott gewandt, aber was hat es bewirkt?

Was tut Gott?

Manchmal ist es schwer zu begreifen, was Gott tut. Er hat uns zwar gesagt, er würde seinen Kindern nichts Gutes vorenthalten. Ich interpretiere das so, daß *nichts, was vollkommene Güte gepaart mit absoluter Macht tun könnte, nicht auch getan wird – und zwar jetzt!*

Dennoch schlage ich mich noch immer mit einem Problem herum, das ich zutiefst verabscheue. Annas Mann versucht seine Frau weiterhin fertig zu machen. Der Schmerz im Herzen der Witwe bleibt. Die vergewaltigte Frau kann nicht schlafen. Morgen wird wieder ein Flugzeug abstürzen. Ein Arzt wird einem geliebten Menschen mit mürrischer Miene mitteilen: «Ich kann leider nichts mehr für Sie tun.» Ein junger Mann, der erfährt, daß seine Verlobte vergewaltigt wurde, wird zu ihr sagen: «Ich glaube nicht, daß es Gottes Wille ist, daß ich dich heirate.» Ein anderer bekannter Christ – diesmal einer, dem wir wirklich vertrauten – hat eine Affäre.

Wir alle zürnen Gott und erwarten, daß er etwas mehr tut als jetzt. Er bleibt still und läßt sich nicht aus der Ruhe bringen; zwar ist er unaussprechlich betrübt darüber, daß wir ihn für grausam oder gleichgültig halten, doch weicht er nicht vom einmal gesetzten Kurs ab. Er weigert sich, die Handlung des Buches neu zu entwerfen, denn er hat das letzte Kapitel bereits geschrieben und weiß, daß das Ende gut, sehr gut und jeder Faden in unserer Geschichte notwendig ist, um zu diesem Ende hinzuführen.

Wenn ich ihm aus meinem Schmerz heraus zürne, dann lädt er mich ein, so zu leben, wie er lebte, zu geben, zu sein und anzubeten. Und als würde all das, was in meinem Leben passiert, ihn überhaupt nicht interessieren, sagt er: «Komm und suche mich. Warte nicht darauf, daß deine Probleme verschwinden. Lerne mich kennen. Labe deine Seele am Köstlichen.»

«Aber Gott», wende ich sofort ein, «darum geht es mir eigentlich nicht. Verstehst du das denn nicht? Ich halte es nicht mehr aus, was in meinem Leben abläuft. Und die arme Anna! Herr, du mußt ihr aus diesem Schlamassel heraushelfen. Ich könnte nicht eine Stunde ertragen, was sie Tag für Tag durchzumachen hat.»

«Du würdest es freudig ertragen, wenn du wüßtest, wie gut ich bin», erwidert er. «Du willst, daß ich mich auf deine Bedingungen einlasse, um dir meine Güte zu beweisen. Aber wenn ich auf deine Forderungen eingehe, dann wirst du mir nicht *vertrauen;* du wirst vielmehr meinen, du würdest mich *besitzen.* Ich will etwas tun, was für dein Glück letztlich viel nötiger ist als die Lösung deiner Probleme. Ich will dich meine unendliche Güte entdecken lassen, damit du in der Beziehung zu mir freudig zur Ruhe kommen kannst, selbst wenn die Probleme andauern. Bis ich dich schließlich an jenen besseren Ort bringe, den ich jetzt schon für dich vorbereite.»

Ein älterer, pensionierter Pastor kam nach einem Gottesdienst auf mich zu, in dem ich über die unbeantworteten Fragen im Leben des Christen gepredigt hatte. Er war ein kleiner, dünner Mann mit wachem Verstand und einem spürbar leidenschaftlichen Glauben. Er legte mir eine Hand auf die Schulter, sah mit scharfem, freundlichem Blick zu mir auf und sagte: «Ich bin jetzt siebenundachtzig Jahre. Vor vier Jahren habe ich meine Frau verloren. Ich habe noch nie so Schweres durchgemacht. Ich habe Gott angefleht, den Schmerz von mir zu nehmen, mich seine Nähe so spüren zu lassen, daß diese entsetzliche Einsamkeit nicht mehr so schwer zu ertragen ist. Er hat es nicht getan. Aber er hat mich etwas von seiner Güte schmecken lassen. Er hat mir eine Ahnung davon gegeben, was auf mich wartet. Und ich will zufrieden sein, bis auch ich nach Hause gehen darf.»

Ich kann den Schmerz dieses Mannes, wie er allein am Frühstückstisch sitzt, nicht nachempfinden. Es tut ihm noch immer weh; aber durch seine Probleme hindurch ist er auf dem Weg zu Gott. Und Gott hat sich ihm offenbart; darum kann er trotz seines Leids fröhlich und sinnbewußt leben.

Ist Gott wirklich gut?

Ist Gott wirklich gut? Das ist die Frage, die letztlich hinter allen anderen Fragen unseres Lebens steht, eine Frage, die manchmal herausgeschrien werden muß. In der Zeitung sehe ich Bilder von verhungernden Kindern und gefolterten Männern – und ich möchte schnell umblättern. Mir die Fußballergebnisse ansehen. Die Comics lesen. Ich will nicht glauben, daß derselbe Gott, der nichts tut, um das Elend dieser Menschen zu lindern, mein Leben in der Hand hat und das Leben meiner beiden Söhne, meiner Frau und meiner älter werdenden Eltern.

Manchmal erscheinen mir die Worte Christi wie Hohn und Spott. Sie gaukeln mir etwas vor, wonach ich mich sehne, was ich aber nicht erlebe. «Seid guten Mutes», sagt er.

«Warum, Herr?» schreie ich.

«Weil ich die Welt überwunden habe.»

«Aber sieh dir doch an, was in China passiert; sieh meine Freunde auf den Philippinen an, oder Anna, oder mich! Was meinst du denn, wenn du sagst, du hättest die Welt überwunden? Es ist doch alles ein einziges Chaos!»

«Wenn du in dem, was du um dich herum oder in dir selbst siehst, nach Beweisen meiner Güte suchst, dann wirst du zu einem völlig falschen Schluß kommen. Du wirst meinen, ich sei manchmal gut, und manchmal sei ich es nicht. Doch wenn du dir anschaust, wie es einmal sein wird, wenn du bereit bist, zu glauben, daß ich schon jetzt dabei bin, alles für jenen Tag vorzubereiten, und wenn du einmal über die Bedeutung meines Todes nachdenkst, dann wirst du erkennen, daß das Böse in dieser Welt – einschließlich Annas Mann, deines persönlichen Problems (von dem ich übrigens schon wußte, ehe du es deinem Freund anvertraut hast) und der hungernden Kinder in Somalia – meine Güte genausowenig überwinden kann, wie ein Kind einen Mann im Kampf besiegen kann.

In dem Maße wie du es lernst, auf meine Güte zu vertrauen, wirst du auch fähig sein, so zu leben, wie ich es tat. Selbst als ich am Kreuz hing, habe ich mich um andere gekümmert, nicht um mich selbst. Ich habe mich nicht verteidigt; ich habe nur meine Liebe zum Vater zum Ausdruck gebracht und meine Bereitschaft, seinen Plan zu erfüllen. Und ich habe mich nie davon abhalten lassen, ihn anzubeten. Auch du kannst das lernen, inmitten all deiner ungelösten Probleme.»

Die göttliche Struktur

Manchmal begreife ich, was Gott mir sagen will. Dann ist mir nichts wichtiger, als Christus zu suchen und ihm ähnlicher zu werden. Und während der Wunsch, zu geben und mich einzubringen, den Egoismus erstickt, weicht auch der Druck von mir, so zu sein, wie ich eigentlich gar nicht bin. Während der Zweifel einem anbetenden Vertrauen auf Gottes Güte Platz macht, wird die elende, gefallene Struktur allmählich schwächer, sie kommt ins Wanken und stürzt schließlich ganz in sich zusammen. All jene Probleme, die ihre Energie aus meiner Forderung herleiten, daß das Leben so zu funktionieren habe, wie ich es möchte, lösen sich langsam auf.

Eine göttliche Struktur ersteht. Wir haben das Empfinden, uns auf neue Art intakt zu fühlen, wir selbst zu sein, einen Sinn zu sehen, und es ist auf einmal nicht mehr so wichtig, daß die Menschen uns mögen. Doch was kann ich tun, damit das öfter und intensiver geschieht? Wie kann es in meinem, in Annas oder in Ihrem Leben dazu kommen?

Die üblichen Ermahnungen, mehr Zeit im Gebet, im Wort und in der Gemeinschaft mit anderen Christen zu verbringen, reichen nicht aus. Wenn diese Zeiten nicht zur Gelegenheit werden, Gott zu begegnen, dann sind sie nichts wert. Und auch der scheinbar so praktische Vorschlag, «ein seelsorgerliches Gespräch» zu suchen, greift zu kurz. Die Hilfe muß aus übernatürlichen Quellen kommen, die wir nicht manipulieren, denen wir nur vertrauen können.

Gespräche, die beunruhigen und neugierig machen

Wenn wir uns trotz unserer Probleme auf den Weg machen wollen, um Gott zu suchen, dann müssen wir auch neu begreifen, was Gemeinschaft ist, und bereit sein, uns auf sie einzulassen. Wir müssen es lernen, so miteinander zu reden, daß das Ziel unserer Unterhaltung darin besteht, in uns eine *Unruhe* darüber zu wecken, wie manipulierend, wie abwehrend und eigennützig wir sind. Unsere Gespräche sollten aber auch *Anreiz* dafür sein, andere zum Guten zu beeinflussen, uns an unserer Einzigartigkeit zu freuen und in der Güte Gottes Ruhe zu finden, ganz egal, was geschieht.

Zwar werden überall da, wo Gemeinschaft gelebt wird, Spannungen auftreten, und manchmal werden sie unüberwindlich scheinen. Doch die Chance, Gott zu finden, bleibt, wenn wir nicht aufgeben. Wir dürfen dem Wunsch, uns in Schweigen oder die Sicherheit oberflächlichen Geplauders zurückzuziehen, nicht nachgeben. Wir müssen im Gespräch bleiben. Und unsere Worte müssen einen Sinn haben. Sie müssen die Wahrheit über mich zum Ausdruck bringen, auch wenn sie nicht immer angenehm ist.

Jede sinnvolle Unterhaltung erzählt eine Geschichte, eine spannende Geschichte darüber, wie auf Beziehungen angelegte, leidenschaftliche, nachdenkliche, zielstrebige und letztlich doch sündige, verdorbene Menschen mit den Erfahrungen des Lebens umgehen. Darunter mischen sich unsere traurigen Versuche, andere Menschen zu benutzen, uns von ihnen abzugrenzen und uns selbst zu verherrlichen.

Doch die unauslöschliche Handschrift unseres Erlösers sorgt dafür, daß auch die Geschichte edler Bemühungen dazugehört, meist in einem kaum wahrnehmbaren Nebenstrang, aber dennoch unleugbar vorhanden. Diese guten Leidenschaften (ob von den bösen, die uns beherrschen, erstickt, oder freigesetzt und Antrieb unseres Lebens) sind aber weder hilfreich noch empfehlenswert, solange sie ihre Kraft nicht aus einem Vertrauen auf Gottes Güte beziehen.

Sowohl der Sprechende wie der Zuhörer müssen etwas davon spüren können, wie die zweifelnde Seele sich darum bemüht, ihre wahre Identität zu finden. Sie müssen nach dem Handeln Gottes ausschauen, das die Menschen dazu befreit, zu geben, zu sein und anzubeten. Jede Unterhaltung, die uns zu einer tieferen Erkenntnis Gottes führt, wird uns darum zunächst beunruhigen, ehe sie uns darauf neugierig macht, Neues zu erfahren.

Die meisten Gespräche sind entweder angenehm-freundlich («Hallo! Wie geht's dir?»), zweckbetont («Könntest du mich am Flughafen abholen?») oder wichtig («Als Älteste müssen wir überlegen, wie wir mit dieser schwierigen Situation umgehen wollen.»). Kaum etwas ist so unangenehm wie der junge Seelsorger, der aus jeder normalen Unterhaltung ein therapeutisches Gespräch machen will. Unaufgeforderte Versuche, verborgene Motive zu ergründen, und gewichtige Bekundungen von Anteilnahme verderben jede freundliche, zweckbetonte oder wichtige Unterhaltung.

Doch zu einer guten Gemeinschaft gehören auch solche Momente, in denen über die Art unserer Beziehung zu Gott, zum Mitmenschen und zu uns selbst geredet wird. Wir alle haben Freunde, die ehrlich genug sind, zuzugeben, daß auch sie mit ungelösten Fragen zu kämpfen haben. Und diesen Freunden gegenüber sollten auch wir uns zu öffnen lernen.

Beim Kaffee mit einer Freundin empfinden Sie vielleicht den Wunsch, über Ihre Probleme mit Ihrem Sohn zu reden. Fragen Sie die Freundin, ob sie bereit ist, sich Ihre familiären Sorgen anzuhören. Und wenn Sie Ihre Geschichte erzählen, dann achten Sie darauf, daß Sie mehr über Ihre Beziehung zu Ihrem Sohn als über seine Probleme sprechen. Sind Sie zu kritisch, zu herrschsüchtig, lassen Sie sich zu leicht um den Finger wickeln?

Machen Sie auch anderen Mut, ihre Geschichte zu erzählen. Stellen Sie Fragen, die die Menschen zum Nachdenken bringen, die sie anregen, sich Situationen in ihrem Leben vor Augen zu führen, die heftige Gefühle auslösten. «Was haben Sie empfunden, als Sie ins Krankenhaus kamen?» «Was haben Sie gedacht, als Ihr Vater Ihnen mitteilte, er wolle sich von Ihrer Mutter scheiden lassen?» «Wem haben Sie die gute Nachricht von Ihrer neuen Arbeitsstelle als erstes erzählt?»

Gute Unterhaltungen sind oft unbequem. Sie gehen auf den Unterton in der Stimme ein, vor dem wir so leicht auf der Hut sind. Sie stellen sich dem Schmerz, den der Rüffel eines Freundes oder die Versäumnisse der Eltern hervorrufen. Sie decken die Angst und die Wut auf, die sich oft hinter der Fassade bequemer Freundlichkeit verbergen. Wo es solche Zeiten nicht gibt, in denen die Basis unserer Beziehungen uns regelrecht unter den Füßen fortgezogen wird und wir nur weitermachen, weil Christus es von uns verlangt, da entstehen auch keine echten, tragfähigen Beziehungen.

Ehrliche Geschichtenerzähler

Ich möchte den Prozeß, wie wir Gott in einer Gemeinschaft von «Geschichtenerzählern» finden können, an einem Beispiel illustrieren.

Ich arbeite mit sechs Kollegen zusammen. Wir mögen und achten uns; doch wir sind sieben unvollkommene, manchmal kleinliche, hin und wieder recht bizarre Männer, deren Liebe zu Gott noch immer nicht stark genug ist, um unsere sündhaften Impulse völlig in der Gewalt zu haben.

Wir kommen jede Woche einmal für zwei Stunden zusammen. Unlängst ging ich sehr bedrückt zu einer dieser Sitzungen. Ich hatte Probleme und wußte nicht, wie ich sie in den Griff bekommen konnte. Ich war wütend und verzweifelt. Ich beschloß, nicht darüber zu reden; aber die anderen merkten schnell, in welch trüber Stimmung ich mich befand.

Und doch wurde nicht darüber gesprochen. Niemand fragte, was mit mir los sei oder tröstete mich oder stellte mich zur Rede. Und ich gab auch nicht zu, daß ich unter einer schweren Last litt. Ich forderte die anderen nicht auf, mit mir über meine Sorgen zu sprechen.

Wir bemühten uns, die Zeit totzuschlagen: berufliche Dinge wurden erledigt, Meinungen geäußert, ein paar Späße gemacht, doch keiner sagte etwas dazu, welche seltsame, lähmende Wirkung meine Laune auf die Gruppe ausübte. Ich schloß das Treffen schließlich und verkündete, ich sei nicht länger bereit, sinnlose Zusammenkünfte zu besuchen, in denen nichts Wesentliches besprochen würde. Dann verlangte ich, daß jeder, der für die nächste Woche ein Anliegen hätte, es vorher schriftlich verteilen und vorbereitet in die Sitzung kommen sollte. Andernfalls würde ich das Treffen absagen. Meine letzten Worte lauteten: «Ich bleibe lieber im Bett, als für nichts und wieder nichts herzukommen.»

Die Luft war zum Schneiden, als wir das Sitzungszimmer verließen. Alle waren wütend. Ich selbst war beleidigt (niemand hatte mich direkt gefragt, was eigentlich mit mir los sei) und voller Selbstgerechtigkeit (Sitzungen sollten einen Sinn haben und nicht nur sinnlos Zeit vergeuden). Die Empörung gab mir einen gewissen Auftrieb.

An jenem Abend war ich bereit, alles hinzuschmeißen. Aus Angst und Verzweiflung erwuchs ein Gefühl der absoluten Sinnlosigkeit. Was hatte es noch für einen Sinn, mit diesen Männern – oder irgend jemand anderem – zusammenzuarbeiten? Es waren gute, kompetente Leute, ich würde keine besseren finden, aber wir hatten keine Gemeinschaft. Ich wußte, der Fehler lag zum Teil bei mir. Doch ich konnte nicht klar sagen, was eigentlich das Problem war, und sah keine Lösung. Ich konnte über meinen Zorn sprechen, aber das hatte ich früher auch schon getan. Wie viele andere, die in spannungsgeladenen Beziehungen stecken, sah ich keinen Sinn darin, die Probleme zur Sprache zu bringen. Es sah alles so hoffnungslos aus. Und ich wollte da raus.

Diese Gedanken wirbelten mir durch den Kopf, als ich zu Bett ging. Ich wälzte mich unruhig herum und fand keinen Schlaf. Ich betete. Ich bat Gott, mich ihn spüren zu lassen, mir seine Nähe bewußtzumachen, mir wieder etwas von dem Auftrag meines Lebens zu zeigen und mir Kraft zu geben.

Doch nichts geschah. Der Himmel schwieg. Der Heilige Geist, so glaube ich heute, war betrübt über meinen feigen Stolz. Gott würde sich nicht finden lassen, wenn ich weiterhin versuchte, meinen Rückzug von meinen Freunden zu rechtfertigen. Gott suchen und in der Gemeinschaft leben, das gehört ganz eng zusammen. Wir können das eine nicht ohne das andere haben. Flehentliches Gebet, strenges Fasten, Stunden mit der Bibel werden Gott nicht überzeugen, wenn wir Spannungen in unseren Beziehungen ignorieren. «Wer seinen Bruder liebt, der bleibt im Licht ... Wer aber seinen Bruder haßt, der ... wandelt in der Finsternis; ... denn die Finsternis hat seine Augen verblendet» (1 Joh 2,10–11).

Nach wenigen Tagen sagte mir ein Kollege, er habe ein Thema für die nächste Sitzung. Ich wollte eigentlich nicht hingehen, aber die Bedingung, die ich gestellt hatte, war erfüllt. Also ging ich. Alle kamen, außer einem. Er war krank. Ich beneidete ihn.

Nachdem das Thema behandelt war, wandte ich mich dem einen, der es vorgetragen hatte, zu und sagte spitz, ich hätte das Gefühl, er würde sich von mir zurückziehen, und das, was er gerade gesagt habe, würde das in meinen Augen bestätigen. Zwei anderen sagte ich, es käme mir vor, als würden wir einander Konkurrenz machen, da sie sich mit einer ähnlichen Aufgabe beschäftigten wie ich.

Ich wußte, daß meine Bemerkungen Zündstoff enthielten. Doch kaum hatte ich sie geäußert, wurde ich dringend am Telefon verlangt und schloß die Sitzung.

Fünf Tage später kamen wir wieder zusammen. Wir einigten uns darauf, einmal offen darüber zu reden, wie wir aufeinander wirkten. Ich nenne das, meine *gegenwärtige Geschichte erzählen.* Von der Diskussion des direkten Konfliktstoffs gingen wir dazu über, zu bereden, welche Gefühle die Art jedes einzelnen, sich mitzuteilen, in den anderen provozierte.

Einer der Männer, dem ich vorgeworfen hatte, mit mir zu konkurrieren, erklärte, er habe das Gefühl, ich benütze ihn. Ich hatte nie geahnt, daß er so empfand, und es war mir auch nicht bewußt, was ich getan hatte, um solche Gefühle zu fördern. Wir diskutierten hin und her. Und ganz allmählich spürte ich, wie sich hinter meiner Verteidigungshaltung etwas anderes regte. Ich mochte diesen Mann. Und ich hatte ihm weh getan. Als ich mir das eingestand, tat es mir leid. In meinem Inneren ging eine Veränderung vor. Jetzt erschien mir nichts wichtiger, als ihm Gutes zu tun. Ich versuchte meine Gefühle in Worte zu fassen. Es war ein guter Augenblick. Aber er war noch nicht vollkommen.

Der Wunsch, diesen Mann noch besser leiden zu können, öffnete, kaum ausgesprochen, den Zugang zu tieferen Schichten. Es war nicht meine Absicht gewesen, meinen Freund zu betrüben, und es tat mir weh, daß er so wenig Vertrauen zu mir hatte. Ich fühlte mich allein und ratlos. Als ich diese Sorgen formulierte, begann ich, *meine innere Geschichte zu erzählen*, die Geschichte eines Mannes, der sich nach etwas sehnt, was er noch nie erhalten hat. Ich sagte es so: «Ich habe das Gefühl, daß ich vielen wichtig bin, aber nur wenige mich mögen.»

Ein anderer Kollege brachte noch mehr von meiner inneren Geschichte ans Licht, als er sagte, von den zehn wichtigsten Sätzen, die ihm je gesagt worden seien, stammten fünf von mir. Seine Worte taten mir ungeheuer weh. «Das ist es gerade», erwiderte ich. «Man schätzt mich wegen meiner Fähigkeit zu helfen, aber wenn es um zweckfreies Beisammensein geht, dann denkt niemand an mich.»

Mit diesem Satz kam eine ganze Flut von Erinnerungen zurück: die Party, welche ein Ehepaar, deren Ehe ich nach ihrer Aussage gerettet hatte, veranstaltete und zu der ich nicht eingeladen worden war. Alle aus unserem Bekanntenkreis waren eingeladen, außer meiner Frau und mir. Warum? Oder damals, als ich vor meinen Studenten einen besonders dramatischen Seelsorgefall behandelte. Nach der Sitzung scharten sich alle um den Patienten, während ich langsam den Raum verließ, erschöpft, unbeachtet, allein.

Doch noch während mich dieses Gefühl des Alleinseins mit voller Wucht überfiel, durchpulste mich eine eigenartige Freude. Ich kann sie nur als die Freude am Sein, die Faszination am Leben bezeichnen. Ich existiere. Ich lebe in einer gefallenen Welt, in der ich mich, wie jeder andere ehrliche Mensch, alleingelassen fühle; aber ich lebe, und ich habe etwas einzubringen. Kein Schmerz, keine Schmach, die andere mir zufügen, kann mir das nehmen. Durch das Wunder der Gnade kann ich weitermachen. Ich verfolge ein höheres Ziel, als nur meine Einsamkeit zu überwinden. Und ich kann mich meinen Schwächen und Verletzungen stellen und mich an der Zuneigung freuen, die mir hin und wieder auch zuteil wird.

Doch das ist nicht genug, und wird es nie sein. Meine Kollegen spürten das. Ihr Mitgefühl spiegelte sich in ihren Blicken. Und ich empfand genauso für sie. Wir fühlten uns eins, und doch erkannten wir gerade in jenem Moment, vielleicht sogar mit neuer Macht, wie unvollkommen unsere Liebe zueinander noch immer war.

Und diese Erkenntnis brachte uns dazu, *unsere innerste Geschichte zu erzählen.* Das Bewußtsein, daß wir ein größeres Ziel brauchen als uns selbst, brachte uns zum Schweigen. All unsere Sorgen und Eifersüchteleien erschienen kleinlich im Vergleich zu dem großen Bild, das nun deutlich vor uns aufstand. Wir brauchten eine Beziehung zu jemandem, der eine größere Geschichte erzählte, als wir es konnten, und der uns helfen würde, uns trotz ungelöster Spannungen auf ein so umfassendes Ziel hinzubewegen, daß alle anderen Ziele daneben klein und nichtig würden.

Wir begannen, über unser Verhältnis zu Gott zu reden. Jetzt schien nichts anderes mehr wichtig. Wir fühlten uns klein, aber wir hatten Hoffnung. Ein Geist der Anbetung erfüllte den Raum. Gott hatte uns überwältigt. Wir verharrten einige Zeit in staunender Anbetung, dann beendeten wir unsere Sitzung. Ein paar wenige Entscheidungen waren getroffen worden. Gravierende Spannungen waren zum Vorschein gekommen, aber wir hatten sie nicht gelöst. Doch wir trennten uns mit dem neugefaßten Verlangen, einander zu geben, unsere Gaben in die Gemeinschaft der Kinder Gottes einzubringen und zur Ehre eines anderen zu leben, der größer ist als wir selbst.

Wir hatten unsere *gegenwärtige Geschichte* von gegenseitigem Versagen und Schmerz erzählt, bis die Erkenntnis unserer Schuld unsere Herzen geöffnet und das Verlangen, etwas von uns zu geben, freigesetzt hatte. Wir hatten die *innere Geschichte* von Enttäuschung und Einsamkeit erzählt, bis der Schmerz einem Verlangen, zu sein und zu leben, Platz machte. Und wir hatten unsere *innerste Geschichte* erzählt und von der Sehnsucht gesprochen, in der Nähe eines anderen Kraft und Ruhe zu finden.

Gottgewirkte Leidenschaften

Gott offenbart sich den Menschen, die sich bei allem, was ihn betrüben oder kränken könnte, unbehaglich fühlen, nicht so sehr, weil sie seine Vergeltung fürchten, sondern weil es sie nach seiner uneingeschränkten Nähe verlangt. Gottgewirkte Leidenschaften wachsen da, wo wir das wahre Wesen unserer Beziehung zu anderen Menschen und zu Gott erkennen und uns nach Veränderung sehnen. Das Aufdecken böser, beherrschender Leidenschaften und das Wecken der guten, die in uns schlummern, geschieht dort am mächtigsten, wo wir einander in der Gegenwart Gottes unsere Geschichte erzählen und uns bereitwillig seinem Werk des Einreißens und Neuaufbauens öffnen.

Wenn wir unsere *gegenwärtige Geschichte* erzählen, die Geschichte unseres entschlossenen Überlebenswillens in einer Welt ohne einen guten Gott und unserer Beziehungsmuster in einer Welt voller enttäuschender Menschen, dann wird uns bewußt, mit welchem Panzer wir uns umgeben haben. Doch dieser Panzer zeigt allmählich Risse, und die Möglichkeit, mit anderen um ihretwillen sinnvolle Beziehungen einzugehen, bekommt einen neuen Reiz.

Wenn wir unsere *innere Geschichte* erzählen, die Geschichte unserer Forderungen danach, daß andere Menschen uns das geben, was Gott uns vorenthält, und unseres Hasses auf die Menschen, weil sie es nicht tun, dann wird uns bewußt, wie hartnäckig wir versuchen, uns vor dem zu schützen, was uns angst macht. Und es erwächst in uns ein neues Sehnen, ohne Vorbehalte und Abwehrtaktiken in der Gemeinschaft leben zu können.

Wenn wir unsere *innerste Geschichte* erzählen, die Geschichte unserer Zweifel an Gottes Güte und unserer Angst und Wut, wenn er sich uns versagt, dann wird uns bewußt, mit welcher Entschlossenheit wir uns gegen einen Gott zu wehren versuchen, dessen Güte uns kein sofortiges Wohlergehen garantiert. Und wenn wir unsere Wut, unsere Angst und unsere Zweifel erkennen, dann geht uns in beschämender Weise auf, wie zutiefst unangemessen es ist, an seiner Liebe zu zweifeln, wie sehr uns danach verlangt, ihm zu trauen, und wie schwierig – und bösartig – es letztlich doch ist, ihn einen schlechten Gott zu nennen. Wenn wir erkennen, daß das Grundproblem all unserer anderen Fragen und Zweifel darin besteht, ob wir glauben, daß er gut ist, dann haben wir das Glaubensfundament enthüllt, das bereits in unser Herz gelegt ist.

Wie ein Freund unlängst sagte: «Wenn es schwierig wird, dann nehme ich bereitwillig an, Gott sei böse. Doch wenn ich mir bewußt mache, was ich damit eigentlich sage, dann wird mir klar, daß ich das letztlich nicht glaube. Irgendwie fühlt man sich so stark, wenn man auf Gott schimpfen kann. Aber wenn man anerkennt, daß er gut ist, dann hat man Frieden.»

Auch auf die Gefahr hin, etwas so Geheimnisvolles und Unvorhersehbares wie eine gute Unterhaltung auf eine starre Technik, ein Stufenprogramm, zu reduzieren, möchte ich die gerade ausgeführten Gedanken einmal in einem Diagramm darstellen.

Es gehört Mut dazu, unsere Geschichte zu erzählen. Die sündigen Leidenschaften, die uns so oft regieren, aufzudecken, erfordert Demut. Doch wenn wir uns selbst eingestehen, wie gern wir für unseren Nächsten zu einem Werkzeug des Guten würden, und wie sehr uns nach einem übergeordneten Maßstab verlangt, in dem wir Ruhe finden können, dann wird das Verlangen in uns wachsen, Gott immer besser kennenzulernen.

	ZERSTÖREN	AUFBAUEN
Gegenwärtige Geschichte (Verhalten in Beziehungen)	**Ich-Bezogenheit** Härte, Gefühllosigkeit; mangelndes Mitgefühl; manipulative Strukturen; Ich-Bezogenheit.	**Sich einbringen** Anteilnahme, Wohlwollen; Bereitschaft, sich selbst einzubringen, um andere zum Guten zu beeinflussen; Wunsch, daß es auch den anderen gut gehen möge.
Innere Geschichte (Selbstgewähltes Schmerzmittel)	**Selbstschutz** Wille, zu überleben; defensive Abhängigkeit; Mobilisierung der eigenen inneren Kräfte, um sich vor Leid und Schmerz zu schützen.	**Sein und Wachsen** Mut, zu sein; Auseinandersetzung mit dem eigenen Ich, um Anlagen und Fähigkeiten zu erkennen, die ich sinnvoll nutzen kann.
Innerste Geschichte (Verhalten gegenüber Gott)	**Selbstsucht** Angst vor der Wahrheit und vor dem, was geschehen könnte; Zorn auf Gott, der keine besseren Garantien bietet; Zweifel an seiner Güte.	**Anbetung** Mut zum Leben, der auf dem Vertrauen auf Gottes Güte gründet; innige Freude an einem Gott, dem wir uns anvertrauen können, dem wir gehören.

Kapitel 20

Geschichten, die zerstören und aufbauen

Unser Leben besteht aus Routine und Pflichten. Frühstück um sechs, einmal im Monat die Rechnungen zahlen, jeden Dienstag Kaffee mit derselben Freundin. Wir reden, lesen die Zeitung, streiten, gehen einkaufen, essen, sehen fern, arbeiten und spielen. Wir gehen in die Kirche, einmal in der Woche in die Bibelstunde, wir beten, hören fromme Musik und kaufen christliche Bücher. Manche nehmen sich Zeit für ein regelmäßiges Bibelstudium, manche halten Sonntagsschule, wir reden mit ungläubigen Freunden über unseren Glauben, wir opfern Zeit und Geld für den Herrn.

Doch nur wenige reden wirklich mit dem andern. Natürlich wechseln wir Worte – heftige, geschwätzige, zärtliche, fromme. Aber nur selten setzen wir uns hin und hören zu, wenn ein anderer seine Geschichte erzählt. Jedenfalls nicht lange, sagen wir einmal zehn oder zwölf Stunden im Laufe eines Monats. Und wenn wir unsere Geschichte erzählen, dann tun wir es, um einander besser kennenzulernen, nicht um Gott zu entdecken. Wir sagen das, wovon wir meinen, daß unser Gegenüber es hören möchte. Wir offenbaren das, was auf uns selbst ein günstiges Licht wirft. Wenn es jedoch unser Ziel wäre, Christus besser kennenzulernen, dann würden auch unsere Geschichten anders klingen, vielleicht peinlicher, demütigender, beängstigender.

Therapie- und Selbsthilfegruppen ermutigen uns dazu, ehrlich und ausführlich zu erzählen, jedoch mit dem Ziel, unser Leben auf die Reihe zu bringen und uns zu sinnvollem Zuhören zu bewegen. Doch dabei werden diese Gruppen allzuleicht zu Brutstätten des Narzißmus und bringen aufgeblasene Egos hervor, denen es mehr darum geht, ein glückliches Leben zu führen, als sich in Gottes Plan einzufügen.

Auch wir in der christlichen Gemeinde sollen einander unsere Geschichte erzählen und dabei Unverständnis und Vorwürfe in Kauf nehmen – aber weil wir Gott finden wollen. Natürlich müssen wir weiterhin unsere Bibel lesen und gute Predigten hören; wir müssen gemeinsam beten und dienen; wir müssen auch zu finanziellen Opfern bereit sein und eine ungläubige Welt mit Christus bekanntmachen. Aber wir müssen es auch lernen, einander unsere Geschichte zu erzählen.

Unsere gegenwärtige Geschichte

Wir müssen unsere *gegenwärtige Geschichte* erzählen, die Geschichte unserer Beziehungen zu den Menschen unserer Umgebung, und zwar auch, um aufzudecken, wie raffiniert und vielgestaltig unser Egoismus ist. Welche Motive stecken hinter unseren Scherzen, hinter unserem Kritisieren, unseren Meinungsäußerungen, unserem Schweigen? Welche Wirkung haben wir auf die Menschen, mit denen wir zu tun haben? Es ist gut, wenn wir uns den eigennützigen Strategien in unseren Beziehungsmustern offen stellen.

Ein guter Freund wies mich mal darauf hin, daß ich mich auf seine Kosten lustig gemacht hatte. Mein «freundlicher» Seitenhieb vor den Ohren seiner Verlobten war ihm peinlich gewesen. Ich mußte zugeben, daß ich meinen Humor manchmal benutze, um die eigene Unsicherheit zu verbergen, und mit solchen Aufmerksamkeit heischenden Manövern andere verletze.

Vielleicht überschütten wir andere freigebig mit Komplimenten, um freundlich und großzügig zu wirken und uns selbst davon zu überzeugen, daß wir nicht so selbstsüchtig sind, wie sie behaupten. Vielleicht bringen wir nur selten unsere Anteilnahme zum Ausdruck, weil wir fürchten, sie würde nicht erwidert.

Wenn wir uns diesen selbstzentrierten Elementen in unserem Beziehungsstil stellen und sie am unerreichbaren Maßstab von Gottes Liebe messen, dann werden wir feststellen, daß uns plötzlich recht ungemütlich wird. Wir können versuchen, uns darüber hinwegzusetzen, und sagen: «Ich bin zu streng mit mir selbst. Ich muß mich selbst besser annehmen lernen, und dies Gefühl hilft mir dabei mit Sicherheit nicht.» Besser wäre es aber, in diesem ungemütlichen Gefühl etwas Gutes zu erkennen. Denn es will uns darauf hinweisen, daß wir zu etwas Höherem berufen sind, auch wenn diese Tatsache nur allzuoft von anderen Dingen überlagert wird. Egal, was sonst über uns gesagt werden kann, welchen Mißbrauch, welches Leid wir erdulden mußten, wir sind auf einen Beziehungsstil angelegt, der uns auf den Nächsten verweist, den wir aber regelmäßig verletzen.

Dieses unbehagliche Schuldgefühl kann der Auslöser sein, der uns die auch in uns vorhandenen guten Leidenschaften ins Bewußtsein rückt. Wir sind ebenso darauf angelegt, uns anderen Menschen in Liebe zuzuwenden, wie wir darauf angewiesen sind zu atmen. Und obwohl der ursprüngliche Plan unter dem Gewicht unseres Egoismus verdorben, entstellt und fast völlig verschwunden ist, bleibt der Wunsch nach Beziehungen in uns erhalten. Wo nicht, da ist uns wirklich nicht mehr zu helfen.

Wir suchen zum Beispiel die Beziehung zu unseren Kindern, selbst zu dem einen, das uns das Herz gebrochen hat. Und unter aller Wut und allen Verletzungen, die sich angestaut haben, glimmt noch immer der Wunsch, daß auch der eine Mensch, der uns so böse mißbraucht hat, zu einem gottgefälligen Leben und zur Freude zurückfindet. (Und wir werden *nicht* enttäuscht sein, diesem Menschen im Himmel wiederzubegegnen. Heilung von Mißbrauch und Mißhandlung kommt erst da voll zum Tragen, wo das Opfer sich auch nach der Wiederherstellung und Genesung des Täters sehnt und sogar bereit ist, daran mitzuwirken.)

Doch wenn ein Lied, eine Predigt, ein Film die harte Verkrustung unseres Herzens durchbricht und das Verlangen, zu segnen, Anteil zu nehmen, zu lieben, freisetzt, dann wird uns auch sofort erschreckend bewußt, daß wir diesen Wunsch ohne Hilfe gar nicht in die Tat umsetzen können. Und diese Erkenntnis treibt uns zu Christus, der möchte, daß wir so lieben, wie er liebt. Spüren wir jetzt, wie wichtig es ist, Christus noch besser kennenzulernen?

Wenn uns also unser Egoismus bewußt geworden ist und wir auch erkannt haben, wie sehr wir uns danach sehnen, anderen in Liebe zu begegnen (selbst jenen, die uns verletzt haben), werden wir Gott aus tiefem Herzen suchen. Und unser Wunsch, Gott als den *Vergebenden* und *Zurüstenden* kennenzulernen, wird uns helfen, mehr Zeit mit der Bibel zu verbringen, zu beten, Versuchungen zu widerstehen und sein Wort zu hören.

Unsere innere Geschichte

Dann dürfen wir es auch lernen, unsere *innere Geschichte* zu erzählen. Wir dürfen unser Leben und unser Herz erforschen mit der festen Bereitschaft, uns nichts vorzumachen. Wir dürfen die Geschichte unserer Kindheit erzählen, nicht um anderen Schuld und Versagen vorwerfen zu können oder uns selbst zu finden, sondern um die Verzweiflung, die Wut und Angst zu erkennen und zuzugeben, die fortwährende Enttäuschungen in uns hervorgebracht haben. Vielleicht haben wir die besten Eltern der Welt. Aber auch sie haben uns enttäuscht. Und in den meisten Fällen sind sie die Quelle unserer tiefsten und bohrendsten Schmerzen.

Es ist kein Zufall, daß das fünfte Gebot, unsere Eltern zu lieben und zu ehren, am Beginn der sechs Gebote steht, in denen es um die zwischenmenschlichen Beziehungen geht, noch vor jenen, die auf unser Verhältnis zu Ehepartner, Kindern und Freunden eingehen. Warum? Könnte es sein, daß wir dann, wenn wir lernen, unsere Eltern zu lieben, auch befähigt sind, mit den anderen Beziehungen fertig zu werden? Könnte es sein, daß nichts unseren Glauben an Gottes Güte (der nötig ist, damit wir auch andere lieben können) so sehr im Wege steht wie das ständige, oft schwere Versagen von Eltern, denen es nicht gelingt, verläßlich und treu für ihr wehrloses, verletzliches Kind zu sorgen?

Geben wir die Verletzungen, den Zorn und die Angst doch

zu, die vor langen Jahren entstanden und uns heute noch immer beherrschen. Aber betrachten wir sie als Feinde, die einem guten Zweck dienen können. Wir dürfen Ereignisse aus unserem Leben, die wir als besonders schwierig oder besonders schön, vielleicht auch einfach als besonders eindrücklich in Erinnerung haben, noch einmal durchleben, am besten gemeinsam mit einigen guten Freunden.

Vielleicht finden wir uns dann von Gefühlen überwältigt, die wir so noch nie gekannt haben. Einige sind unter Umständen erschreckend und häßlich. Aber wir sollten uns daran erinnern, daß nicht die schlechte Behandlung anderer Ursprung unserer häßlichen Gefühle ist, sondern vielmehr unser Wunsch, gut behandelt zu werden. Diesen Wunsch gilt es zu erkennen und zuzugeben. Dann wird uns auch bewußt, wie aus ihm heraus ein Haß auf all jene erwuchs, die uns enttäuschten. Wie sind wir mit dieser Enttäuschung umgegangen? Haben wir uns selbst bezichtigt, keiner besseren Behandlung wert zu sein? Dann sind wir jetzt voller Selbsthaß. Und wir setzen alles daran, uns vor weiterem Leid zu schützen und das bißchen Eigenliebe, das uns geblieben ist, zu bewahren.

Wenn wir so unsere Innenwelt betrachten, mag es uns scheinen, als sei sie allein vom zornigen Willen zu überleben erfüllt. Doch das ist nicht der Fall. Da findet sich auch noch immer das Verlangen zu leben, zu ruhen, sich um die eigenen Angelegenheiten zu kümmern, ohne sich ständig verteidigen oder irgend jemandem irgend etwas beweisen zu müssen, sich am Dasein, an der eigenen Existenz in ihrer ganzen Fülle zu freuen. Wir wollen ehrlich, friedlich und glücklich sein.

Aber es gelingt nicht. Da ist zu viel Angst vor Versagen und Ablehnung, um die eigene Unruhe abzulegen und entspannt zu leben. Kein vernünftiger Mensch unternimmt einen gemütlichen Spaziergang durch eine Stadt, in der gerade Krieg herrscht. Wir kämpfen ums Überleben in einer Stadt voller Heckenschützen, die ihre Beleidigungen auf uns abfeuern, voller Mörder, die uns mißbrauchen, voller Geheimagenten, die unser Vertrauen erschleichen und uns dann hinterrücks erdolchen. Vielleicht gelingt es uns ja sogar, zu überleben. Und vielleicht sind wir inzwischen so gerissen, daß wir uns über jeden Erfolg freuen.

Der wahre Feind jedoch – unser Zweifel an Gott – bleibt verborgen. Dabei ist er ein viel ernsteres Problem als all die Mißhandlungen, die wir vielleicht ertragen mußten; er ist die Wurzel aller Sünde.

Wenn wir jedoch erkennen, aus welchem Geist heraus wir handeln, dann wird in uns das Verlangen wachsen, zur Ruhe zu kommen; keine Forderungen mehr zu stellen, weil wir dem Einen, der alles in seinen Händen hält, ja vertrauen können; in einer Atmosphäre zu leben, in der wir uns ungehindert entfalten können, statt ständig vor möglichen Gefahren auf der Hut sein zu müssen. Es wird uns immer deutlicher aufgehen, daß wir ganz bewußt die Gegenwart eines verläßlichen Felsens suchen müssen, dessen Stärke uns zum Leben befreit und all unsere eigenen Durchhalteparolen überflüssig macht. Der Wunsch, Gott als *Beschützer* und *Befreier* zu erfahren, wird wachsen, und wir werden ihn noch ernstlicher suchen.

Unsere innerste Geschichte

Allzuoft jedoch bleiben die Menschen hier stehen, wenn sie überhaupt soweit kommen. Wir neigen dazu, weder über unsere gegenwärtige Geschichte des Egoismus und des Wunsches nach Nähe noch über die innere Geschichte, die sowohl unsere abwehrende Haltung wie das leidenschaftliche Verlangen nach Leben offenbart, hinauszusehen. Wir hoffen, wenn wir verantwortungsbewußtere Beziehungsmuster einüben und unseren Gefühlshaushalt besser verstehen lernen, dann seien wir bereits auf dem Weg zur Reife.

Aber wir sind es nicht. Weder unsere gegenwärtige noch unsere *innere Geschichte* decken das Kernproblem auf. Wir müssen die innerste Geschichte unseres Lebens aufdecken, das Gewebe von Argwohn, Angst und Wut, das aus unserer Haltung gegenüber Gott erwächst.

Vier Schlüsselfragen können uns helfen, diese Geschichte zu erzählen:

1. Was bedeutet Gottes Liebe in meinem Leben?
Kann ich mich einem Gott, der mir weder Gesundheit noch einen treuen Ehepartner, gehorsame Kinder oder ein ausreichendes Einkommen garantiert, ruhig anvertrauen? Lebe ich mit der nagenden Angst, daß morgen vielleicht etwas Schreckliches passieren könnte, etwas, worüber ich keine Gewalt habe? Ist Gott für mich die Quelle allen Trostes, obwohl er es so eingerichtet hat, daß meine Mutter trinkt und ihr dritter Mann mich belästigt? Wenn das Leid schier unerträglich scheint, kann ich mich trotzdem freuen, weil ich weiß, daß Gottes Güte einmal alles Böse im Leben überwinden wird?

2. Danke ich Gott für seine Hilfe, wenn ich vor schwierigen Entscheidungen stehe?
Habe ich gelernt, daß Gottes Führung mich nicht von der Verantwortung entbindet, in schwierigen Situationen selbst mutige Entscheidungen zu fällen? Habe ich erkennen müssen, daß Gott mir nicht immer zeigt, wie ich mich im einzelnen verhalten soll? Und kann ich das akzeptieren? Oder frustriert es mich?

Wenn ich keine Ahnung habe, wie ich eine angeknackste Beziehung wiederherstellen oder welche Stelle ich annehmen soll, wird mir dann die Bibel zur wertvollen Hilfe, um Gottes Willen zu erkennen, oder lege ich sie entrüstet zur Seite, weil sie mir keine konkrete Antwort gibt? Vertraue ich darauf, daß Gott in meinem Leben ständig am Werk ist? Oder bereitet es mir Mühe, wenn ich höre, wie ein Freund um Weisheit gebetet hat und dann eine Entscheidung traf, die großes Leid brachte?

3. Glaube ich an Gottes heilende Kraft, auch wenn manche Wunden in meinem Herzen nicht geheilt werden?
Verlange ich, daß Gott meine Wunden heilt, bevor ich bereit bin, auf seine heilende Kraft zu vertrauen? Habe ich Heilung gefunden, die mich frei macht, andere besser zu lieben, oder

meine ich, es reiche aus, wenn ich Selbstbestätigung finde und es lerne, mich besser abzugrenzen? Was stört mich mehr, anhaltendes Leid oder anhaltende Sünde? Was ist mir wichtiger – Heilung oder Vergebung?

Welche Bedeutung hat das Kreuz für mich? Ist es mir Zeichen dafür, daß ich wertgeachtet bin, oder spricht es von der Vergebung meiner Schuld? Hat mein Suchen nach Gesundung mich zu einem Gott geführt, der mich selbst inmitten ungelöster Fragen und anhaltendem Leid zur Liebe befähigt, oder zu einem falschen Gott, einem Beruhigungsmittel, das zwar den Schmerz betäubt, nie aber meinen Charakter bildet?

4. *Habe ich Gott in einem so tiefen Sinn erkennen können, daß mein Verlangen nach ihm größer ist als alles andere Verlangen, größer als der Wunsch nach sexueller Befriedigung, persönlicher Erfüllung und Erlösung von Leid?*

Hat Gott sich mir so offenbart, daß es mir, zumindest zeitweise, völlig abwegig und reizlos scheint, zu sündigen? Hat mein Erleben mit Gott in mir Mitleid selbst gegenüber meinen schlimmsten Feinden geweckt? Hat die Erkenntnis, daß es um Gott geht und nicht um mich, mich dazu befreit, mich auch dann noch anderen zuzuwenden, wenn es mir selbst schlecht geht?

Ein Schein der Herrlichkeit

Diese Fragen mögen uns helfen, unsere *innerste Geschichte* zu erzählen und die Wut, die Angst und die Zweifel an Gottes Güte, die noch immer in unserem Herzen wohnen, ans Licht zu bringen und in Frage zu stellen.

Wir wurden geschaffen, um zu lieben, um Ruhe zu finden und um zu vertrauen. Und wenn wir Wut, Angst und Zweifel aufdecken und als Elemente erkennen, die unserer eigentlichen Bestimmung im Wege stehen, dann wird in uns, ganz allmählich, der Wunsch aufkommen, nicht mehr selbst nach unserem Heil zu suchen, sondern uns von Christus gefangennehmen zu lassen und ihn als Herrn kennenzulernen. Erst dann werden wir zu begreifen beginnen, was es bedeutet, Gott von ganzem Herzen zu suchen, zu glauben, daß er der ist, als den ihn Christus offenbart hat, und daß er all jenen ihren Lohn geben wird, die ihn ernstlich suchen. Und dann werden wir eine Ahnung von seiner Herrlichkeit bekommen: oft in Momenten, in denen wir es am wenigsten erwarten, und in einer Art und Weise, mit der wir nicht gerechnet haben.

Doch das Geheimnis bleibt, ja es wird noch tiefer. Gott bleibt der Unvorhersehbare, der sich enthüllt, wenn es ihm gefällt. Aber wir sind nicht mehr so schnell geneigt, zu irgendwelchen Zauberformeln Zuflucht zu nehmen, die ihn überzeugen sollen, sich uns zu offenbaren. Statt dessen freuen wir uns jetzt an seinem unberechenbaren Wesen, denn wir haben ihn sehen dürfen. Wir durften erkennen, wer er ist. Wir vertrauen darauf, daß er das Richtige tun wird, weil wir wissen, daß er gut ist. Solange wir an diesem Vertrauen festhalten, erfahren wir einen Frieden, der tiefer ist als die schlimmsten Anfechtungen; eine Bereitschaft, trotz Enttäuschungen zu lieben; und eine Freude, die größer ist als unser größter Kummer.

Noch immer haben wir mit Angst, Zorn und Mutlosigkeit zu kämpfen. Doch wir haben ein Stück weit erkannt, daß Gott gut, daß die Sünde schlecht und jede Erleichterung, die sie ansonsten bringt, auf lange Sicht vergeblich ist, und diese Erkenntnis wird uns nie mehr ganz verlassen. Wir stellen fest, daß wir etwas geduldiger werden. Wir spüren es schneller, wenn uns etwas nervös machen will. Wir verlieren auch in schwierigen Situationen nicht die Zuversicht, daß alles gut werden wird. Wir fangen tatsächlich an, dem Herrn zu glauben, der gesagt hat: «Aber seid getrost, ich habe die Welt überwunden» (Joh 16,33). Wir ruhen in der Gewißheit, daß das Böse dieser Welt Gottes Güte niemals überwinden kann. Das letzte Kapitel, das niemals enden wird, ist die Geschichte von der Güte Gottes, die jeden Bereich des Lebens durchdringt: Begegnungen mit unvergleichlicher Wiedersehensfreude; Beziehungen, die nicht mehr vom Egoismus beherrscht werden; Arbeit ohne Leistungsdruck, Reisen ohne Unfälle und das reine, unbeschwerte Lachen von Menschen, denen es wirklich gut geht.

Können Sie sich vorstellen, wie es sein wird, in einer Welt ohne Anfechtungen, ohne Mißhandlung, ohne Ängste und Sorgen Gott völlig und uneingeschränkt zu vertrauen? «Ein jeder, der solche Hoffnung auf ihn hat, der reinigt sich» (1 Joh 3,3), indem er den Geboten Christi gehorcht. Und wer seine Gebote hat und sie hält, «der ist's, der mich liebt ... und ich werde ihn lieben und *mich ihm offenbaren*» (Joh 14,21; Hervorhebung durch den Autor). Wir sind dazu aufgerufen, Gott gerade inmitten unserer Probleme zu suchen. «Ihr werdet mich suchen und finden; denn wenn ihr mich von ganzem Herzen suchen werdet, so will ich mich von euch finden lassen, spricht der Herr» (Jer 29,13–14).

Kapitel 21

Endlich zu Hause

Es ist gut, sich Gedanken über das Leben zu machen, das Wesen der Beziehung zu sich selbst und anderen zu durchleuchten. Doch wir sollten diese gedanklichen Abenteuer etwa in dem gleichen Geist unternehmen, wie Kinder das alte, verwinkelte Haus ihres Großvaters erkunden. Endlos scheinende Korridore, Winkel, Ecken und geheimnisvolle Schränke auf dem Dachboden verlocken sie dazu, das hellerleuchtete Wohnzimmer zu verlassen, in dem Großvater immer sitzt. Dennoch ist dieses Wohnzimmer das Hauptquartier, und die Kinder achten sorgfältig darauf, sich den Rückweg gut einzuprägen.

Viele Christen sind mutig in die finsteren Bereiche ihres Herzens vorgestoßen, aber sie haben den Weg zurück in das Zimmer, in dem der ewige Vater seine Kinder um sich versammeln und ihnen quasi am Kamin etwas vorlesen will, vergessen. Sie kommen sich sehr erwachsen vor, wenn sie über sexuellen Mißbrauch und multiple Persönlichkeitsstörungen reden. Sie empfinden eine auftrumpfende Freude, je weiter sie sich vom Wohnzimmer entfernen, und sehen abschätzig auf jene herab, die sich noch immer am gemütlichen Feuer ausruhen und kindischen Geschichten von einstürzenden Stadtmauern und Riesen, die mit einer Steinschleuder getötet werden, lauschen.

Die wirkliche Gefahr bei allem Nachdenken über die Probleme des Lebens besteht nicht darin, daß wir Elemente entdecken werden, mit denen unser Glaube nicht fertig werden kann, sondern vielmehr darin, daß wir allzuleicht meinen, wir hätten unerforschtes Gebiet betreten, für dessen Erkundung der christliche Glaube zu einfach sei und deshalb nicht genüge. Wir glauben, wir brauchen besondere Erkenntnisse, um der okkult belasteten Frau oder dem Prediger, der sich über Jahre hinweg an kleinen Mädchen vergangen hat, helfen zu können.

Aber geht es wirklich darum, Satanskulte oder sexuelle Abhängigkeiten besser verstehen zu lernen? Wäre es nicht wichtiger, tiefer und vollmächtiger zu begreifen, was es heißt, Gott zu kennen? Ist der christliche Glaube nicht umfassend genug, um wirksam mit all den Ursachen unserer vordergründigen Probleme umzugehen?

Das letzte Wort

Gott weiß alles über uns. All die persönlichen Kämpfe, die uns fertigzumachen drohen, sind ihm bewußt. Er kennt unsere Geschichte und unser Heute von allen Seiten. Und alles, was er uns antwortet, ist: «Christus.» In vergangenen Zeiten teilte er sich auf die verschiedensten Weisen mit. Doch jetzt sagt er uns, daß alles, was er früher verkündete, vollumfänglich in Christus offenbart wurde. Das ist sein letztes Wort. «Christus.» Mehr gibt es nicht zu sagen. «Nachdem Gott vorzeiten vielfach und auf vielerlei Weise geredet hat zu den Vätern durch die Propheten, hat er in diesen letzten Tagen zu uns geredet durch den Sohn, den er eingesetzt hat zum Erben über alles, durch den er auch die Welt gemacht hat» (Hebr 1,1–2).

Gott möchte, daß wir bei ihm am Feuer sitzen und zuhören, wie der Heilige Geist die sechsundsechzig Bücher vorliest, die alles über ihn enthalten. Und wenn ein Freund mit homosexuellen Neigungen zu kämpfen hat, dann möchte er, daß wir das Wohnzimmer verlassen und auf den Dachboden gehen, wo der Freund seine Geschichte erzählt. Aber dann sollen wir zusammen mit dem Freund so schnell wie möglich wieder herunterkommen, damit wir beide eine weit schönere Geschichte hören können.

Die tiefsten, bedeutungsvollsten Wahrheiten sind immer ganz einfach. Paulus war dankbar für *das Werk des Glaubens, die Arbeit in der Liebe und die Geduld in der Hoffnung* der Thessalonicher. Jesus sagte, es sei das Werk Gottes, an den Einen zu glauben, den Gott gesandt hat. Und das heißt, ein Vertrauen auf ihn zu entwickeln. Gott ist gut. Sieh Christus an. Er macht uns das klar. Er gibt uns den Glauben.

Die Arbeit in der Liebe besteht darin, Christus zu dienen, ihn dadurch zu verkünden, daß wir anderen so begegnen, wie er ihnen begegnet, so zu leben, wie er gelebt hat. Und die Geduld in der Hoffnung richtet unsere Aufmerksamkeit auf die zukünftige Stadt. Statt zu versuchen, hier eine Stadt zu bauen, schauen wir nach vorn zu jener Stadt, die Christus an einem besseren Ort für uns baut.

Christus zu vertrauen (Glaube), Christus zu dienen (Liebe) und auf Christus zu warten (Hoffnung): das bedeutet, Gott zu finden.

Doch solange wir ihn noch nicht gefunden haben, bekommen wir unsere Leidenschaften nicht in den Griff. Vertrauen ist unmöglich. Wir wollen *erklären* und *beherrschen;* deshalb lösen wir alles geheimnisvoll Unverständliche in kleine, verständliche Teilbereiche auf und versuchen unser Leben ohne Jesus in den Griff zu bekommen.

Wir wollen *Recht haben.* Wir nennen das «ernsthaft um den rechten Glauben ringen», und wir versuchen uns selbst davon zu überzeugen, daß wir im Kampf um die Wahrheit Gottes Verbündete sind. Doch unsere ärgerliche Überheblichkeit verrät uns. Mitleid und Demut werden von der Arroganz verdrängt.

Wir wollen *gesund werden* und unsere Schmerzen lindern. Doch wenn uns das wichtiger wird als die Anbetung, dann schaffen wir uns einen eigenen Gott, der unseren menschlichen Zielen dienen soll, und helfen den Menschen lediglich dabei, mit sich selbst möglichst ins reine zu kommen. Wir benutzen einen Götzen, statt dem einen, wahren Gott zu dienen.

Wir suchen den *Kontakt* mit dem Übernatürlichen. Wir öffnen uns dem Geheimnisvollen, fallen demütig vor Gott nieder und kennen kein höheres Ziel, als ihn zu erfahren. Aber unser Blick ist auf die Erfahrung gerichtet. Wir fordern sie ein. Und darum entwickeln wir Methoden, sie zu erleben. Schließlich beschäftigen wir uns mehr mit unseren Plänen, Gott zu suchen, und unseren erfolgreichen Bemühungen, als mit Gott selbst.

Doch auf jeden Schrei unseres sehnenden Herzens erwidert Gott: «Christus.»

Unser *Verlangen nach Erklärungen* kann zu dem Verlangen werden, *Christus* und alles, was Gott in seinem Buch über ihn offenbart, *kennenzulernen.* Wir dürfen uns Gedanken machen, nachforschen, auch einmal ungewöhnliche Ideen verfolgen, mit den Menschen über ihr Leben reden, aber nie sollten wir den Stuhl am Feuer allzulange verlassen. Das Werk unseres Glaubens sollte es sein, uns in jedem Moment darauf zu verlassen, daß Gott gut ist.

Unser *Verlangen, Recht zu haben,* kann zu dem Verlangen werden, in all unserem Tun *Christus zu ehren.* Wir dürfen lernen, diskutieren und debattieren, aber wir sollten es immer in einer Art tun, die anderen hilft zu erkennen, wie gut und freundlich Gott wirklich ist. Herzliche Überzeugung darf den kalten Dogmatismus ablösen. Die Arbeit in der Liebe sollte immer etwas von Gottes Wesen widerspiegeln.

Unser *Verlangen, gesund zu werden*, kann zu dem Verlangen werden, *Hoffnung zu vermitteln.* Die Wunden werden nicht alle verschwinden. Keine Methode, keine Gruppentherapie und kein Seelsorger können sie vollständig heilen. Aber wir können trotzdem weitermachen am Werk des Glaubens und der Arbeit in der Liebe. Ein besserer Ort wartet auf uns. Mit der Geduld in der Hoffnung dürfen wir Gott jetzt treu dienen, weil wir wissen, was auf uns wartet.

Unser *Verlangen nach Kontakt* kann zu dem Verlangen werden, einem allmächtigen Herrn zu *vertrauen,* der immer genau das tut, was für uns gerade nötig ist. Zu seiner Zeit und auf seine Art wird er uns den Vater offenbaren, wenn wir am Werk des Glaubens, der Arbeit in der Liebe und der Geduld in der Hoffnung festhalten.

Die meisten von uns kriechen auf einem verstaubten Dachboden herum und versuchen, Erklärungen für ihr Leben zu finden, ihre Rechte zu behaupten und ihre Schmerzen zu lindern, und fragen sich, wo Gott wohl steckt. Es ist an der Zeit, daß wir den Weg zurück ins Wohnzimmer und in die Arme des Vaters finden, wo wir dem Heiligen Geist zuhören können, der uns von Christus erzählen will.

Epilog

Ich stehe erst am Anfang meiner Reise. Fester als je zuvor glaube ich, daß ich auf dem Weg zu Gott bin. Es ist ein Weg voller unangenehmer Überraschungen und unlösbarer Probleme, und er verlangt mehr Glauben, als ich je für möglich gehalten hätte.

Mehr als zwei Jahre sind vergangen, seit ich Gott bat, mir einen klareren Blick auf Christus zu schenken. Mein Gebet ist erhört worden. Aber der Preis war hoch.

Ich habe in meinem ganzen Leben keine schwerere Zeit durchgemacht als diese letzten beiden Jahre. Die inneren Anfechtungen waren ungeheuer und erreichten einen Punkt, an dem ich meinte, sogar einen Blick in die Hölle zu werfen.

Am Tag, an dem ich die Arbeit am vorliegenden Buch abschloß, tat ich etwas, was ich noch nie getan habe. Ich stieg in mein Auto und fuhr davon, ohne ein festes Ziel zu haben. Wenn ich an Lourdes glauben würde, wäre ich dorthin gefahren. Ich verstehe inzwischen etwas von der Verzweiflung, die Pilger dazu treibt, Meere zu überqueren und Berge zu erklimmen, um Frieden zu finden.

Ich fand mich auf einem Gebirgspaß wieder. Vor mir lag einer der schönsten Ausblicke auf Gottes Schöpfung. Die Schönheit erschien mir wie Hohn, und gleichzeitig zog sie mich an. Ich fühlte mich verloren und wehrlos, aber auch herausgefordert.

Wie zwei Jahre zuvor schrie ich zu Gott, diesmal jedoch mit anderen Worten. «Herr, wenn du dich mir nicht in einer Weise offenbarst, die mich mehr zu dir als zu irgend jemand oder irgend etwas anderem hinzieht, möchte ich lieber sterben.»

Am nächsten Tag läutete das Telefon. Ein Freund überbrachte mir völlig unerwartete und höchst unwillkommene Nachrichten, die meine finanzielle Situation empfindlich beeinflußten. Durch eine Reihe von Fehlkalkulationen hatte ich plötzlich beträchtliche Schulden statt der erhofften Gewinne. Ich habe schon weitaus schlimmere Nachrichten erhalten, doch diese wurde mir zum Symbol für alles, woran ich mich mit meinem Leben klammerte, und all die entschlossenen Bemühungen, mein Leben selbst zu regeln. Nach fünf Minuten des Schreckens und der Panik erkannte ich plötzlich, daß Gott mich auffordern wollte, den nächsten – großen – Schritt auf meiner geistlichen Reise zu gehen. Seine Botschaft schien klar. «Du kannst dein Leben nicht selbst unter Kontrolle haben. Deshalb bist du frei. Du bist den Versuchen, alles so zu regeln, wie du es möchtest, nicht ausgeliefert. Vertrau dich mir an, mehr als je zuvor. Tu, was ich dir zeige, auch wenn das Risiko aus deiner Sicht ungeheuer erscheint. Ich bin durch und durch gut, und ich bin gut genug, daß man mir durch und durch trauen kann.»

Im Moment bin ich dabei, diesen Schritt, zu dem Gott mich auffordert, vorzubereiten. In meinem Herzen habe ich ihn bereits getan. Das Gefühl der Panik weicht einem noch ängstlichen Vertrauen. Fast so etwas wie Abenteuerlust hat die verzweifelte Langeweile abgelöst.

Die Welt ist ein viel zu schlechter – und viel zu unsicherer – Ort, um sich häuslich darin einzurichten und dabei auch noch froh zu werden. Aber sie ist ein phantastischer Ort, um Gott zu suchen.

Der Autor

Dr. Lawrence («Larry») Crabb ist Gründer und Direktor des *Institute of Biblical Counseling* (Institut für Biblische Seelsorge), einer Einrichtung, deren Ziel es ist, Christen im biblischen Umgang mit ihren Lebensproblemen zu schulen und sie dafür zuzurüsten, anderen im Rahmen der Gemeinde zu helfen.

Neben der Aufgabe der Durchführung landesweiter IBC-Seminare hat Dr. Crabb eine Professur im Fachbereich Biblische Seelsorge der Christlichen Universität von Colorado in Morrison.

Dr. Crabb promovierte 1970 in klinischer Psychologie an der Universität von Illinois. Zehn Jahre war er als Psychologe tätig, sieben Jahre leitete er den Master-Studiengang in biblischer Seelsorge am Grace Theological Seminary in Winona Lake, Indiana.

Finding God ist Dr. Crabbs achtes Buch und das siebte, das auf dem deutschsprachigen Markt erscheint. Die bisherigen Titel, *Die Last des andern, Dem andern Mut machen, In guten wie in bösen Tagen, Von innen nach außen, Als Mann und als Frau* sowie *Vater, lieber Vater* wurden vom Brunnen-Verlag Basel veröffentlicht.

Dr. Crabb lebt mit seiner Frau Rachael in Morrison, Colorado. Die beiden haben zwei Söhne, Keplen und Kenton.

Vom selben Autor

Vater, lieber Vater...
(Vom Geheimnis geistlicher Vorbilder)

196 Seiten, ABCteam-Paperback Nr. 1092

Wann wird ein Mann ein Mann? Und wie wird ein Vater ein Vater? Dr. Lawrence («Larry») Crabb, Pastor und Seelsorger, bietet Antworten. Das Außergewöhnliche daran: Er hat sie beim Beobachten seines eigenen Vaters gewonnen.
Der Leser erfährt ganz direkt, wie Vater Crabb seinem Sohn ein echter Mentor wurde, denn ein Teil des Buches sind private Tagebuchaufzeichnungen des heute achtzigjährigen Papas. Ehrlich erzählt er von Lebenskrisen und Glaubenserschütterungen, die ihn lehrten, daß Gott nicht berechenbar und nicht manipulierbar ist – daß seine Nähe aber alles bedeutet.
Larry Crabb, der Sohn, fügt jedem Abschnitt eigene Gedanken und Reflexionen an. Der Leser wird Zuschauer, wie Gott durch Generationen hindurch Segen weiterleitet. In zwei Briefen von Larry Crabbs Söhnen lernt der Leser auch die beiden jüngsten Segensträger der Familie kennen.
Ein wirklichkeitsnahes Buch, das mit dem Leid und den Zweifeln, dem Versagen und den Begrenztheiten im Leben von Christen nicht oberflächlich umgeht, sondern sie offen zugibt. Crabb bringt alles in Beziehung mit dem einen Gott, dessen Wege zwar oft unverständlich erscheinen, der uns aber innig liebt.
Besonders gewinnbringend in diesem Buch sind die zahlreichen guten Vater-Definitionen und die Fülle von Lebensweisheiten – gedeckt durch die Erfahrung mehrerer Generationen – sowie das interessante Nebeneinander der Aussagen von Urgroßvater, Großvater, Vater und Söhnen. Als Service für Gruppenleiter – oder auch als Hilfe zum eigenen Nachsinnen – hat Larry Crabb im Anhang über hundert Fragen zum Text zusammengestellt.